Utilize este código QR para se cadastrar de forma mais rápida:

Ou, se preferir, entre em:

www.moderna.com.br/ac/livroportal

e siga as instruções para ter acesso aos conteúdos exclusivos do
Portal e Livro Digital

CÓDIGO DE ACESSO:

A 00462 BUPMATE1E 5 65586

Faça apenas um cadastro. Ele será válido para:

BURITI Plus MATEMÁTICA 5

Organizadora: Editora Moderna

Obra coletiva concebida, desenvolvida e produzida pela Editora Moderna.

Editor Executivo:
Fabio Martins de Leonardo

Acompanha este livro:
- **Envelope com jogos e material de apoio**

NOME: ....

....TURMA: ....

ESCOLA: ....

....

1ª edição

© Editora Moderna, 2018

Carolina Maria Toledo
Licenciada em Matemática pela Universidade de São Paulo. Editora.

Daniela Santo Ambrosio
Licenciada em Matemática pela Universidade de São Paulo. Editora.

Débora Pacheco
Mestre em Educação Matemática pela Pontifícia Universidade Católica de São Paulo. Educadora.

Diana Maia
Mestre em Educação Matemática pela Pontifícia Universidade Católica de São Paulo. Editora.

Mara Regina Garcia Gay
Bacharel e licenciada em Matemática pela Pontifícia Universidade Católica de São Paulo. Editora.

Maria Cecília da Silva Veridiano
Licenciada em Matemática pela Universidade de São Paulo. Editora.

Maria Solange da Silva
Mestre em Educação Matemática pela Universidade Santa Úrsula.

Patricia Furtado
Bacharel e licenciada em Matemática pela Pontifícia Universidade Católica de São Paulo e mestre em Ensino da Matemática pela Pontifícia Universidade Católica de São Paulo. Editora.

Renata Martins Fortes Gonçalves
Bacharel em Matemática com Informática pelo Centro Universitário Fundação Santo André, especializada em Gerenciamento de Projetos (MBA) pela Fundação Getulio Vargas e mestre em Educação Matemática pela Pontifícia Universidade Católica de São Paulo. Editora.

Suzana Laino Candido
Mestre em Ensino da Matemática pela Pontifícia Universidade Católica de São Paulo. Educadora.

<u>Jogo de apresentação das *7 atitudes para a vida*</u>
Gustavo Barreto
Formado em Direito pela Pontifícia Universidade Católica (SP). Pós-graduado em Direito Civil pela mesma instituição. Autor dos jogos de tabuleiro (*boardgames*) para o público infantojuvenil: Aero, Tinco, Dark City e Curupaco.

Coordenação editorial: Marisa Martins Sanchez, Carolina Maria Toledo
Edição de texto: Carolina Maria Toledo, Renata Martins Fortes Gonçalves
Assistência editorial: Kátia Tiemy Sido
Gerência de *design* e produção gráfica: Everson de Paula
Coordenação de produção: Patricia Costa
Suporte administrativo editorial: Maria de Lourdes Rodrigues
Coordenação de *design* e projetos visuais: Marta Cerqueira Leite
Projeto gráfico: Daniel Messias, Daniela Sato, Mariza de Souza Porto
Capa: Daniel Messias, Cristiane Calegaro
    Ilustração: Raul Aguiar
Coordenação de arte: Wilson Gazzoni Agostinho
Edição de arte: Estúdio Anexo
Editoração eletrônica: Estúdio Anexo
Ilustrações de vinhetas: Ana Carolina Orsolin, Daniel Messias
Coordenação de revisão: Elaine C. del Nero
Revisão: Leandra Trindade, Renato Bacci, Rita de Cássia Gorgati, Rita de Cássia Pereira, Roseli Simões
Coordenação de pesquisa iconográfica: Luciano Baneza Gabarron
Pesquisa iconográfica: Carol Böck, Maria Marques, Mariana Alencar
Coordenação de *bureau*: Rubens M. Rodrigues
Tratamento de imagens: Joel Aparecido, Luiz Carlos Costa, Marina M. Buzzinaro
Pré-impressão: Alexandre Petreca, Everton L. de Oliveira, Marcio H. Kamoto, Vitória Sousa
Coordenação de produção industrial: Wendell Monteiro
Impressão e acabamento: Bercrom Gráfica e Editora
Cód: 12112592
Lote: 781.342

Dados Internacionais de Catalogação na Publicação (CIP)
(Câmara Brasileira do Livro, SP, Brasil)

Buriti Plus Matemática / organizadora Editora Moderna ; obra coletiva concebida, desenvolvida e produzida pela Editora Moderna. — 1. ed. — São Paulo : Moderna, 2018. — (Projeto Buriti)

Obra em 5 v. para alunos do 1º ao 5º ano.

1. Matemática (Ensino fundamental) I. Série.

18-16350   CDD-372.7

Índices para catálogo sistemático:
1. Matemática : Ensino fundamental   372.7

Maria Alice Ferreira – Bibliotecária – CRB-8/7964

ISBN 978-85-16-11259-2 (LA)
ISBN 978-85-16-11260-8 (GR)

Reprodução proibida. Art. 184 do Código Penal e Lei 9.610 de 19 de fevereiro de 1998.
Todos os direitos reservados
EDITORA MODERNA LTDA.
Rua Padre Adelino, 758 – Belenzinho
São Paulo – SP – Brasil – CEP 03303-904
Vendas e Atendimento: Tel. (0_ _11) 2602-5510
Fax (0_ _11) 2790-1501
www.moderna.com.br
2023
Impresso no Brasil

1 3 5 7 9 10 8 6 4 2

Que tal começar o ano conhecendo seu livro?

Veja nas páginas 6 a 9 como ele está organizado.

Nas páginas 10 e 11, você fica sabendo os assuntos que vai estudar.

Neste ano, também vai conhecer e colocar em ação algumas atitudes que ajudarão você a conviver melhor com as pessoas e a solucionar problemas.

7 atitudes para a vida

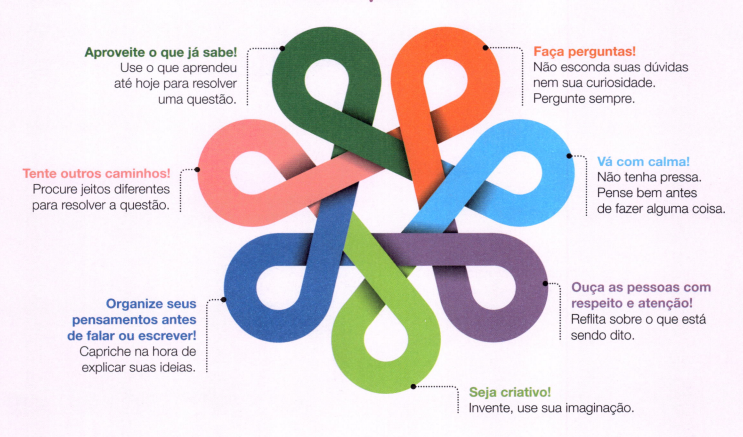

Aproveite o que já sabe!
Use o que aprendeu até hoje para resolver uma questão.

Faça perguntas!
Não esconda suas dúvidas nem sua curiosidade. Pergunte sempre.

Tente outros caminhos!
Procure jeitos diferentes para resolver a questão.

Vá com calma!
Não tenha pressa. Pense bem antes de fazer alguma coisa.

Organize seus pensamentos antes de falar ou escrever!
Capriche na hora de explicar suas ideias.

Ouça as pessoas com respeito e atenção!
Reflita sobre o que está sendo dito.

Seja criativo!
Invente, use sua imaginação.

Nas páginas 4 e 5, há um jogo para você começar a praticar cada uma dessas atitudes. Divirta-se!

O tesouro

Comece lendo a história pelo número **1**. Depois, vá fazendo suas escolhas conforme as indicações.

Lembre-se: suas atitudes podem mudar toda a história!

1 Nicole acaba de acordar e vê um bilhete ao seu lado:

VÁ ATÉ ONDE TEM 2 + 2 BOCAS PARA ENCONTRAR A PRÓXIMA PISTA DO MEU MAIOR TESOURO.
ASS.: PAPAI

O que Nicole deve fazer: ir até o fogão **2**, ir até o quintal com 4 cachorros **3** ou ignorar o bilhete **4**?

4 Nicole desiste da busca, mas ainda fica pensando em qual seria aquele tesouro.
Recomece, tente outros caminhos!

12 Nicole abre o relógio pensando que a pista está ali dentro, mas não encontra nada que se pareça com uma pista. Sem pistas, ela pode desistir **4** ou voltar para **11**.

5 O sofá não tem nenhuma pista. Nicole vai até as cadeiras da varanda **6**.

2 Ao chegar ao fogão, que tem 4 bocas, Nicole encontra uma nova pista: "Vá para um lugar em que você possa sentar". Nicole vai até o sofá **5** ou até as cadeiras da varanda **6**?

3 No quintal os cachorros estão brincando, provavelmente não é essa a pista. Nicole vai ver o fogão **2**.

18 A máquina de lavar está vazia. E com certeza esse não é o maior tesouro do seu pai. Se quiser escolher novamente, vá para **14** ou vá para **4** para desistir.

14 **Não esconda a sua curiosidade!**
Nicole atende o telefone e uma voz misteriosa lhe diz:

O BAÚ DO TESOURO ESTAVA EMBAIXO DE VOCÊ NESTA MANHÃ.

e desliga. Nicole olha a sola do tênis **17**, olha dentro do tênis **16** ou vai olhar embaixo da cama dela **15**?

13 **Aproveite o que você já sabe para fazer a escolha!**

Nicole fica olhando para o relógio, mas não acontece nada. Então, ela resolve atender o telefone **14** ou abrir o compartimento de pilhas do relógio **12** ?

7 Nicole toca a campainha, ninguém atende e o gato se assusta. Volte para **8** e escolha novamente.

10 O gato olha para Nicole e começa a ronronar. Isso não parece uma pista. Volte para **8** e escolha novamente.

6 Nicole encontrou outro bilhete: "Vá até a casa na sua rua cujo número é a soma das pernas das cadeiras."

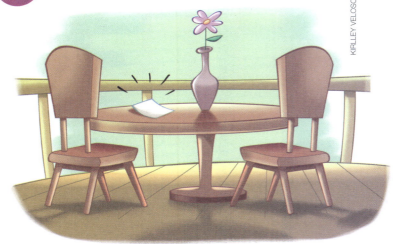

11 **Pense bem antes de escolher!**

Quando o relógio marca exatamente 17 horas, Nicole o olha fixamente, esperando sair alguma pista de dentro dele. Não acontece nada, mas o telefone toca. Nicole atende o telefone **14**, fica olhando para o relógio **13** ou abre o compartimento de pilhas do relógio para tentar achar a pista **12** ?

17 Na sola do seu tênis está uma sujeira terrível, mas nenhuma pista. Volte para **14** e escolha novamente.

16 Nicole olha dentro do tênis e só encontra uma palmilha suja. Será que essa é a pista? Nicole decide voltar para **14** e escolher novamente ou ela vai para **18** colocar as palmilhas na máquina de lavar?

8 **Ouvir as pessoas pode ser uma ótima opção!**

A casa está fechada. Nicole toca a campainha **7**, fala com o vigia **9**, brinca com o gato **10** ou desiste da busca **4** ?

9 Nicole vai falar com o vigia. Ele se antecipa e entrega um bilhete a ela: "Agora você deverá esperar até as 17 horas, na frente do relógio da sua casa". Falta um tempão para esse horário. Nicole vai esperar **11** ou vai abrir o compartimento de pilhas do relógio para ver se tem algo dentro dele **12** ?

15 Finalmente Nicole encontra o baú e o tesouro. Há nele um bilhete: "Agora você vai ver o meu maior tesouro". Quando o abre, Nicole vê um espelho. Desenhe em uma folha de sulfite o maior tesouro do pai de Nicole.

Capriche na hora de fazer o seu desenho! Seja criativo!

cinco 5

Conheça seu livro

Abertura da Unidade

Cenas coloridas e divertidas nas quais você deverá procurar as personagens e achar os objetos escondidos.

Cada abertura apresenta um enigma. Responda às questões ao lado para decifrá-los.

Unidade 1 O jogador com a camisa 7 torce para o mesmo time que Roberto?

Unidade 2 Por que Vanessa está envergonhada?

Unidade 3 Por que a menina que está comendo maçã do amor está assustada?

Unidade 4 Por que Beatriz está preocupada?

Unidade 5 Por que há cenouras sobre a bancada?

Unidade 6 A loja de material de construção acabou de abrir ou já está perto da hora de fechar?

Unidade 7 Por que o atleta da raia 7 está cumprimentando o atleta da raia 6?

Unidade 8 Para quem o homem de camiseta branca, sobre a passarela, está acenando?

Vamos jogar?

Os jogos podem facilitar e deixar a aprendizagem da Matemática mais divertida.

Ao longo do livro há jogos que ajudam a aprender Matemática brincando.

Fazendo as atividades, você pode verificar o que aprendeu.

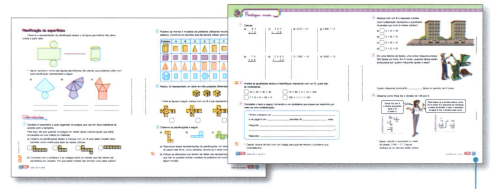

Atividades — Pratique mais

As atividades e os problemas são importantes na aprendizagem e no aprofundamento de assuntos que você já aprendeu.

Compreender problemas

Esta seção foi criada para você resolver problemas e refletir sobre a resolução de cada um.

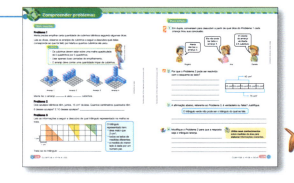

Nesta seção você vai encontrar problemas que farão com que você reflita sobre suas resoluções.

As informações podem ser mais facilmente interpretadas dependendo de como as organizamos.

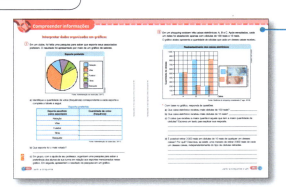

Compreender informações

Você vai aprender que as informações podem ser representadas de diferentes modos, como em tabelas ou em gráficos.

sete **7**

A Matemática me ajuda a ser...

Nesta seção, a Matemática levará você a refletir sobre vários assuntos que contribuirão para sua formação cidadã.

Com esta seção aprendemos como a Matemática faz parte do nosso dia a dia e como ela nos ajuda.

Aqui podemos ler vários textos que envolvem Matemática.

Matemática em textos

Esta seção vai ajudar você a compreender melhor textos com dados matemáticos.

Cálculo mental

Para você desenvolver habilidades de cálculo.

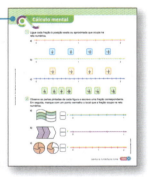

Vai ficar fácil calcular!

Aqui você vai verificar se aprendeu tudo o que foi ensinado e se não ficaram dúvidas.

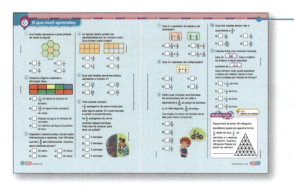

O que você aprendeu

Nesta seção você vai poder resolver atividades para rever o que você estudou e resolver um *Quebra-cuca* desafiador.

8 oito

"Veja os ícones que orientam os estudos neste livro."

 Ícones utilizados

Indicam como realizar algumas atividades

 Oral   Dupla   Grupo   Caderno   Desenho ou pintura  Material complementar

Indicam estratégias de cálculo

 Calculadora   Mental

Indica as 7 atitudes para a vida: Indica objeto digital:

"No envelope, você encontra material para os jogos, fichas e adesivos para as atividades."

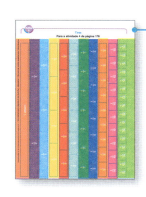

Material complementar

Para atividades e jogos.

"Você vai aprender como a Matemática é interessante e faz parte da nossa vida!"

"Bons estudos!"

nove **9**

Sumário

UNIDADE 1 — Sistema de numeração decimal ... 12

Tema 1 • Números naturais
- Sequência numérica 14
- Representação dos números naturais 16
- Valor posicional 18
- Ordens e classes 20
- Composição e decomposição 22
- Ordenação e comparação 24
- Reta numérica 26
- Pratique mais 28

Tema 2 • Mais números
- O milhão 30
- Números com até nove algarismos 32
- Arredondamentos e comparações 34
- Compreender informações 36
- A Matemática me ajuda a ser... 38
- Pratique mais 40
- Cálculo mental 41
- O que você aprendeu 42

UNIDADE 2 — As quatro operações ... 44

Tema 1 • Adição e subtração
- Adição 46
- Subtração 48
- Propriedades 50
- Resolução de problemas 54
- A Matemática me ajuda a ser... 56

Tema 2 • Multiplicação e divisão
- Multiplicação 58
- Propriedades 60
- Compreender informações 62
- Divisão 64
- Divisões com divisor de dois algarismos 66
- Sequências numéricas 69
- Vamos jogar? 72
- Pratique mais 74
- Compreender problemas 76
- Cálculo mental 78
- O que você aprendeu 80

UNIDADE 3 — Geometria ... 82

Tema 1 • Ampliando os conceitos
- Poliedros e corpos redondos 84
- Planificação de superfícies 86
- Mais poliedros 88
- Vamos jogar? 90

Tema 2 • Ângulos e polígonos
- Medida de ângulo 92
- Classificando ângulos 94
- Compreender informações 96
- Polígonos 98
- Triângulos 100
- Quadriláteros 102

Tema 3 • Representações
- Desenhando polígonos 105
- Ampliação e redução de figuras 109
- Matemática em textos 114
- Cálculo mental 116
- O que você aprendeu 118

UNIDADE 4 — Mais operações ... 120

Tema 1 • Expressões numéricas
- Análise e resolução 122
- Vamos jogar? 126

Tema 2 • Problemas
- Problemas com mais de uma operação 128
- Proporcionalidade 131
- Repartir em partes iguais e em partes desiguais ... 134
- Possibilidades 137
- Matemática em textos 140

Tema 3 • Múltiplos e divisores
- Múltiplos de um número natural 142
- Divisores 144
- Números primos 148
- Compreender informações 150

Tema 4 • Igualdades
- Propriedades da igualdade 152
- Valor desconhecido 155
- Cálculo mental 158
- O que você aprendeu 160

UNIDADE 5 • Frações — 162

Tema 1 • Significado de frações
Leitura de frações 164
Fração de uma quantidade 166
Fração que representa um número natural 168
Fração como representação de quociente 170
Número misto 172

Tema 2 • Análise de frações
Frações equivalentes 174
Comparação de frações 178
● Compreender problemas 180

Tema 3 • Operações com frações e porcentagem
Adição e subtração 182
Multiplicação com fração 186
● Vamos jogar? 188
Porcentagem 190
● A Matemática me ajuda a ser... 194
● Compreender informações 196
● Pratique mais 198
● Cálculo mental 199
● O que você aprendeu 200

UNIDADE 6 • Grandezas e medidas — 202

Tema 1 • Medidas de comprimento
Metro, centímetro e milímetro 204
Quilômetro 206
Perímetro 207

Tema 2 • Medidas de área
Centímetro quadrado 209
Metro quadrado 211
Quilômetro quadrado 212
Área e perímetro 213
● Pratique mais 214

Tema 3 • Tempo e temperatura
Medidas de tempo: hora, meia hora e um quarto de hora 216
Medidas de temperatura: grau Celsius 218
● Matemática em textos 220

Tema 4 • Massa, capacidade e volume
Medidas de massa: tonelada, quilograma e grama 222
Medidas de capacidade: litro e mililitro 224
Ideia de volume 226

● Compreender problemas 228
● Compreender informações 230
● Pratique mais 232
● Cálculo mental 233
● O que você aprendeu 234

UNIDADE 7 • Números na forma decimal — 236

Tema 1 • Números na forma decimal
Décimos, centésimos e milésimos 238
Valor posicional 241
Leitura de números na forma decimal 242

Tema 2 • Análise de números na forma decimal
Frações e números na forma decimal 244
Comparação e ordenação de números na forma decimal 246

Tema 3 • Operações e porcentagem
Adição e subtração com números na forma decimal 248
● Vamos jogar? 250
Multiplicação 252
● Compreender problemas 254
Quociente decimal 256
Divisão com números na forma decimal 258
Porcentagem 262
● A Matemática me ajuda a ser... 264
● Compreender informações 266
● Pratique mais 268
● Cálculo mental 270
● O que você aprendeu 272

UNIDADE 8 • Localização — 274

Tema 1 • Localizando
Localização com coordenadas 276
Coordenadas no plano cartesiano 279
Localização em mapas de ruas 280
● Vamos jogar? 282
● Compreender informações 284

Tema 2 • Trajetos
Caminho orientado 286
● Matemática em textos 288
● Pratique mais 290
● Cálculo mental 292
● O que você aprendeu 294

UNIDADE 1 — Sistema de numeração decimal

Para começar...

Os quatro amigos estão assistindo à partida final de um campeonato de futebol.

- Observe as informações do painel e escreva por extenso o número que representa a quantidade de público no estádio.

Para refletir...

O número que representa a quantia arrecadada nessa partida tem o algarismo 6 repetido três vezes. Você sabe dizer qual é o valor posicional de cada algarismo 6 nesse número?

965 626,00

Números naturais

Sequência numérica

Observe a sequência de números.

0, 1, 2, 3, 4, 5, 6, 7, 8, 9, 10, 11, 12, 13, 14, 15, 16, ...

> Os números que formam essa sequência são chamados de **números naturais**.

a) Qual é o primeiro número dessa sequência? _____

b) Veja como Lucas e Rebeca descreveram a sequência dos números naturais.

- Quem descreveu a sequência dos números naturais de forma correta?

_____

Atividades

1 Responda às questões.

a) Qual é o maior número natural de quatro dígitos que pode ser formado com os algarismos 1, 0, 4 e 5, sem repeti-los? E o menor?

_____

b) Qual é o maior número natural de cinco dígitos que pode ser formado com os algarismos 2, 0, 9, 3 e 7, sem repeti-los? _____

c) Qual é o menor número natural de cinco dígitos que pode ser formado com os algarismos 2, 3, 1, 9 e 4, sem repeti-los? _____

d) Rita quer escrever números naturais maiores que 1 000. Quantos números ela pode escrever? _____

2 Observe a ilustração e responda às questões.

a) Qual era o número da senha de quem foi chamado antes desse homem?

_____

b) Qual será o número da senha de quem for chamado logo depois dele?

_____

c) Os números das senhas em um certo banco têm no máximo quatro algarismos. Qual é o maior número possível de senha? _____

3 Leia as falas de Jairo e Elaine e, em seguida, complete o quadro.

Jairo

Elaine

E o sucessor de um número natural é o número natural que vem imediatamente depois dele.

Na sequência dos números naturais, o antecessor de um número diferente de zero é o número que vem imediatamente antes dele.

Antecessor	Número	Sucessor
	725	
	999	
14 998		15 000
	50 000	
	56 790	

4 Leia as falas de Nicole e de Enzo e, em seguida, responda às questões.

O sucessor do sucessor do número que eu escrevi é 218.

O antecessor do antecessor do número que eu escrevi é 415.

a) Que número Nicole escreveu? _____

b) Que número Enzo escreveu? _____

quinze **15**

Representação dos números naturais

Leia as falas de Lucas e de Nicole e, depois, responda às questões.

Qualquer número natural do sistema de numeração decimal pode ser representado por **10 símbolos**, chamados **dígitos** ou **algarismos**.

No sistema de numeração decimal, **agrupamos de 10 em 10** para fazer a contagem.

a) Quais são os 10 símbolos do sistema de numeração decimal?

_____

b) Observe os agrupamentos, complete as lacunas e responda: quantas bolinhas há no total?

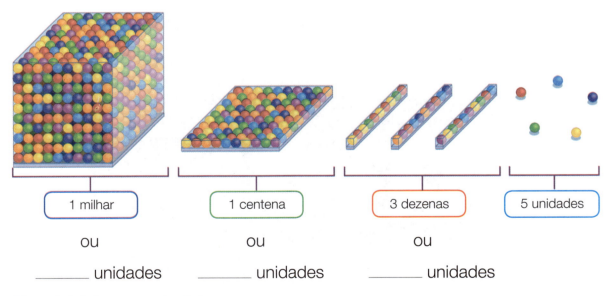

| 1 milhar | 1 centena | 3 dezenas | 5 unidades |

ou _____ unidades   ou _____ unidades   ou _____ unidades

No total, há _____ bolinhas.

16 dezesseis

Atividades

1 A fábrica Bijoux embala miçangas em potes com, exatamente, 10, 100 ou 1 000 unidades.

a) No total, quantas miçangas há nos potes abaixo?

No total, há _____ miçangas.

b) Qual é a menor quantidade de potes com 10, 100 ou 1 000 unidades necessários para embalar 6 230 miçangas?

_____

_____

_____

> **Faça perguntas** para sanar todas as suas dúvidas. Por exemplo: É possível embalar qualquer quantidade de miçangas nas condições do problema?

2 Há 4 230 parafusos para serem distribuídos em embalagens com 10, 100 ou 1 000 unidades.

Quantas embalagens haverá de cada tipo? Dê duas respostas possíveis.

_____

_____

_____

3 Complete o quadro fazendo a decomposição do período em cada caso.

Período	Milênios	Séculos	Décadas	Anos
2 357 anos	2	3	5	7
4 589 anos				
10 592 anos				

dezessete 17

Valor posicional

Observe o preço da televisão e a quantia que Fernanda possui.

a) Quantos reais Fernanda possui? _____

b) Qual é o valor da televisão? _____

c) Observe o valor de cada algarismo do número que expressa a quantia que Fernanda possui e do número que expressa o preço da televisão.

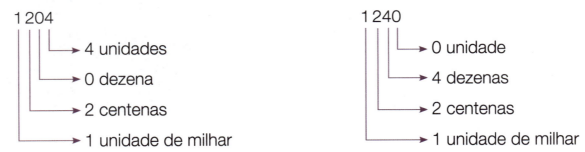

Os dois números são formados com os mesmos algarismos, mas os algarismos ___0___ e _____ não têm o mesmo valor posicional nos dois números.

> O valor de um algarismo em um número depende da posição que ele ocupa nesse número.

Atividades

1. Em cada caso, escreva o valor posicional de cada algarismo do número.

   a) 3 5 7 9

   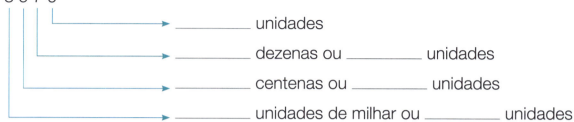

   _____ unidades
   _____ dezenas ou _____ unidades
   _____ centenas ou _____ unidades
   _____ unidades de milhar ou _____ unidades

   b) 1 2 8 4

   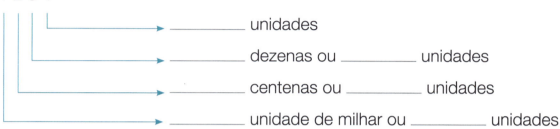

   _____ unidades
   _____ dezenas ou _____ unidades
   _____ centenas ou _____ unidades
   _____ unidade de milhar ou _____ unidades

2. Escreva quantas unidades vale o algarismo 7 em cada número.

   a) 27 ▶ _____
   b) 712 ▶ _____
   c) 6 975 ▶ _____
   d) 76 518 ▶ _____
   e) 27 001 ▶ _____
   f) 751 841 ▶ _____

   - Agora, responda: em qual desses números o algarismo 7 tem valor posicional maior?
   _____

3. Descubra o número em cada caso.

   a) O número que representa a quantidade de lâmpadas compradas para a iluminação de uma cidade tem quatro algarismos: dois deles são 1, outro vale 3 000 e outro vale 60. Que número é esse?

   _____

   b) O número que indica quantas pessoas cabem em um galpão é o menor número de 4 algarismos diferentes no qual aparece o algarismo 5 com o valor igual a 50 unidades. Que número é esse? _____

dezenove 19

Ordens e classes

De acordo com o Instituto Brasileiro de Geografia e Estatística (IBGE), em 2017, a população estimada do município de Santo André, no estado de São Paulo, era de 715 231 pessoas.

Cada classe é formada por 3 ordens.

a) Escreva esse número no quadro de ordens e classes.

2ª classe ou classe dos milhares			1ª classe ou classe das unidades simples		
6ª ordem	5ª ordem	4ª ordem	3ª ordem	2ª ordem	1ª ordem
centenas de milhar (CM)	dezenas de milhar (DM)	unidades de milhar (UM)	centenas (C)	dezenas (D)	unidades (U)
7	1				

Para facilitar a leitura dos números, costumamos separá-los em classes.

Atenção! Para separar as classes, agrupamos as ordens do número de 3 em 3, da direita para a esquerda.

2ª classe (milhares) — 1ª classe (unidades simples)
715 231

b) A ordem de grandeza desse número é a _centena de milhar_.

c) Lemos ▸ _____

Atividades

1 Observe o número da placa e marque com um **X** a frase verdadeira.

☐ A ordem de grandeza desse número é a dezena de milhar.

☐ Os algarismos 6, 5 e 8 compõem a classe dos milhares.

☐ O algarismo 8 vale 800 unidades nesse número.

658 079

2 Usando uma calculadora, faça aparecer no visor os números a seguir.

a) Um número com três algarismos, em que o algarismo 4 tenha valor igual a 400 unidades. _____

b) Um número com seis algarismos, em que o algarismo 5 tenha valor igual a 5 dezenas de milhar. _____

c) Um número com cinco algarismos, em que o algarismo 2 tenha valor igual a 2 000 unidades. _____

d) Um número com seis algarismos, em que o algarismo 3 tenha valor igual a 3 centenas de milhar. _____

3 Leia a notícia e, depois, escreva como lemos cada um dos números que aparecem nela.

Museus mais visitados em 2016

O Instituto Brasileiro de Museus (Ibram) divulgou os três museus mais visitados em 2016. São eles: o Museu Imperial, em Petrópolis (RJ), que recebeu 321 632 visitantes, o Museu da Inconfidência, em Ouro Preto (MG), com um público de 156 570 pessoas, e o Museu Histórico Nacional, na cidade do Rio de Janeiro, que recebeu 123 370 visitantes.

Fachada do Museu Imperial, no município de Petrópolis, estado do Rio de Janeiro, 2016.

Informações obtidas em: <http://mod.lk/ibram>. Acesso em: 3 ago. 2018.

_____
_____
_____

4 Usando somente algarismos, escreva os números que a professora está ditando.

a)
Sete mil duzentos e quarenta e nove.

b)
Cento e oitenta mil e quarenta e seis.

vinte e um 21

Composição e decomposição

A família de Ana juntou as economias que fez durante um ano e conseguiu a quantia a seguir.

a) Complete o quadro com a quantidade de cédulas e moedas que a família de Ana conseguiu juntar.

b) Veja como Ana e seu irmão calcularam a quantia economizada e responda.

1 000 + 60 + 8 = _____   10 × 100 + 6 × 10 + 8 × 1 = _____

- Qual é a quantia economizada pela família de Ana? _____

c) Se a família de Ana tivesse mais 10 cédulas de 10 reais, qual seria a quantia total economizada? _____

- Explique como você calculou.

Atividades

1 Complete a cruzadinha com o número correspondente ao resultado de cada um dos itens.

a) 7 × 10 000 + 3 × 1

b) 10 000 + 6 000 + 300 + 5

c) 200 000 + 80 000 + 400

d) 6 × 100 000 + 3 × 10 000

e) 300 000 + 20 000 + 5 000 + 80

f) 1 × 200 000 + 4 × 1 000 + 7 × 1

g) 300 000 + 20 000 + 500 + 80

h) 7 × 10 + 1 × 100 + 9 × 100 000

2 Decomponha os números a seguir.

a) 457 890 = _____

b) 555 876 = _____

3 Identifique o erro na decomposição do número 139 570 e contorne-o. Em seguida, escreva uma decomposição correta.

139 570 = 1 × 100 000 + 3 × 30 000 + 9 × 1 000 + 5 × 100 + 7 × 10

Ordenação e comparação

O administrador de um *site* decidiu comparar o acesso às páginas de jogos e de notícias. Para isso, ele colocou um contador nessas páginas. Observe.

a) Complete os quadros com os algarismos de cada número.

CM	DM	UM	C	D	U

CM	DM	UM	C	D	U

b) Como o administrador pode comparar esses números? Complete.

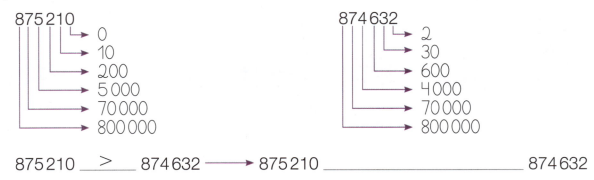

875 210 __>__ 874 632 ⟶ 875 210 _____ 874 632

Atividades

1 Preencha os quadros com números de seis algarismos para que as desigualdades sejam verdadeiras.

a) 786 000 < ☐

b) 135 796 > ☐

c) ☐ > 312 945

d) ☐ < 625 584

2 Pinte de acordo com a legenda.

🖊️ Números menores que 99 999.

✏️ Números maiores que 99 999 e menores que 499 999.

✏️ Números maiores que 499 999.

| 56 652 | 561 652 | 451 585 | 654 681 |

| 165 874 | 12 598 | 985 259 | 710 028 |

3 Fernando pesquisou a população estimada de algumas cidades brasileiras, divulgada pelo IBGE em 2017, e anotou em um papel, mas os dados escritos foram embaralhados. Leia as dicas e ajude Fernando a organizar esses dados.

Aracaju-SE 152 975
Vitória-ES 332 020
Palmas-TO 650 106
Paranaguá-PR 286 787
Boa Vista-RR 363 140

a) Complete a tabela.

População estimada de algumas cidades brasileiras em 2017

Cidade	População estimada
Palmas	
Boa Vista	
Aracaju	
Paranaguá	
Vitória	

Fonte: Dados obtidos no *Diário Oficial da União*, Seção 1, nº 167, de 30 de agosto de 2017, p. 61, 69, 71, 74 e 76.

Dicas

- Entre essas cidades, a que tinha a menor população era Paranaguá e a que tinha a maior era Aracaju.
- O número que representa a população de Vitória possui o algarismo 6 com valor posicional de 60 000 unidades.
- A população de Boa Vista é maior que a de Palmas.

b) Ordene os números do maior para o menor.

Reta numérica

De acordo com o IBGE, os três pontos mais elevados do Brasil são: Pico da Neblina, Pico 31 de Março e Pico da Bandeira. A altitude de cada um deles é, respectivamente: 2995 m, 2974 m e 2891 m.

Pico da Neblina, Amazonas, 2012.

Pico 31 de Março, Amazonas, 2012.

Pico da Bandeira, Espírito Santo, 2015.

a) De acordo com as informações acima, complete ordenadamente as altitudes, da menor para a maior.

Altitude (m): ☐ < ☐ < ☐

Nome do pico: _____ _____ _____

b) Complete a reta numérica que indica as altitudes dos pontos mais elevados do Brasil.

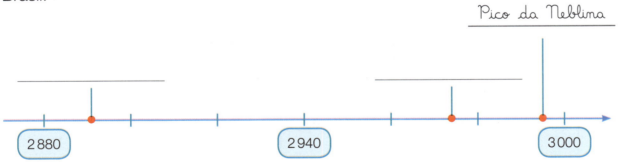

Atividades

1 Marque com ✏ os números 250000, 500000, 750000, 375000 e 625000 na reta numérica.

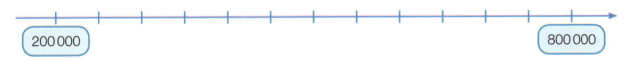

26 vinte e seis

2 Marque com um **X** o valor de A representado na reta numérica abaixo.

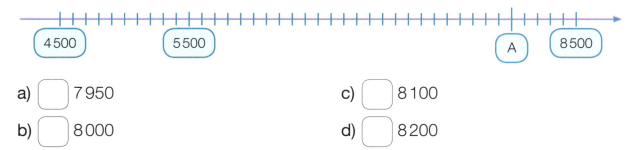

a) ☐ 7 950

b) ☐ 8 000

c) ☐ 8 100

d) ☐ 8 200

3 Em cada item, marque com ✏ os números na reta numérica.

a) 24 300, 23 800 e 24 050.

b) 178 000, 171 000 e 168 000.

c) 109 900, 110 100 e 110 000.

4 Na reta numérica abaixo estão representados os preços de passagens de Natal (RN) para Fortaleza (CE) oferecidas por três empresas rodoviárias. Analise a reta numérica e as afirmações seguintes e escreva V para verdadeira ou F para falsa.

a) ☐ O maior preço cobrado pela passagem é o indicado por C.

b) ☐ O preço da passagem indicado por A é menor que o indicado por C, mas é maior que o preço indicado por B.

c) ☐ Se o preço da passagem indicado por B é R$ 69,85 e o indicado por C é R$ 77,85, então o preço da passagem indicado por A é R$ 65,85.

vinte e sete

Pratique mais

1 Cátia, Jonas e Simone são operadores de caixa em um supermercado. Veja quantas moedas de R$ 1,00 e cédulas de R$ 10,00 e de R$ 100,00 eles tinham no caixa no fim do dia. Complete o quadro e, em seguida, responda à questão.

Nome do operador de caixa	R$ 100,00	R$ 10,00	R$ 1,00	Quantia total (R$)
Cátia	7	0	5	
Jonas	8	9	0	
Simone	3	5	7	

- Quantos reais os três operadores de caixa juntos têm aproximadamente?

  ☐ R$ 1 000,00   ☐ R$ 1 500,00   ☐ R$ 2 000,00

2 Descubra a regra e complete cada sequência com os números que faltam.

a) 100, 300, 500, 700, _____, _____, _____

b) 6, 60, 600, 6 000, _____, _____

c) 999 999, 999 996, 999 993, _____, _____, _____

d) 870 000, 850 000, 830 000, _____, _____

e) 101 101, 121 121, 141 141, _____, _____, 201 201

f) 123 456, 234 567, 345 678, _____, _____, 679 011

3 Escreva o número pedido em cada caso.

a) O maior número cuja ordem de grandeza é a unidade de milhar. ▶ _____

b) O menor número cuja ordem de grandeza é a unidade de milhar. ▶ _____

c) O maior número de 6 algarismos. ▶ _____

d) O menor número de 5 algarismos. ▶ _____

e) O antecessor de 100 000. ▶ _____

f) Coloque em ordem crescente os números escritos nos itens anteriores desta atividade. ▶ _____

vinte e oito

4 Complete a reta numérica com os números das placas.

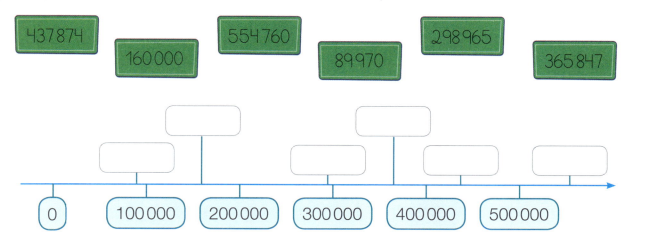

5 Complete o quadro.

Número	Como lemos	Ordem de grandeza
37 076		
965 115		
345 670		
2 634		

6 Observe como Rebeca decompôs o número 374 523 usando o valor posicional.

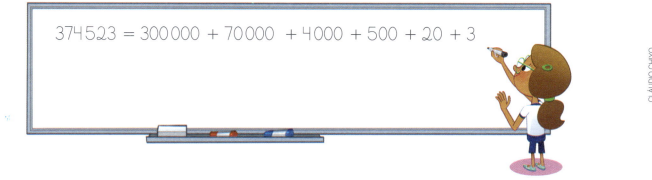

374 523 = 300 000 + 70 000 + 4 000 + 500 + 20 + 3

- Agora, faça como Rebeca e decomponha os números abaixo.

   a) 237 128 = _____

   b) 495 736 = _____

   c) 702 120 = _____

vinte e nove

TEMA 2 — Mais números

O milhão

Observe a cena.

a) Agora, complete a tabela.

Quantidade de água que pode ser contaminada

Quantidade de óleo (em litro)	Quantidade de água (em litro)
1	25 000
2	50 000
3	
4	
10	250 000
20	
30	
40	

Fonte: Programa de Reciclagem de Óleo de Fritura da Sabesp. Site <http://mod.lk/prol>. Acesso em: 2 ago. 2018.

b) Veja o número um milhão no quadro de ordens e complete.

7ª ordem	6ª ordem	5ª ordem	4ª ordem	3ª ordem	2ª ordem	1ª ordem
unidades de milhão	centenas de milhar	dezenas de milhar	unidades de milhar	centenas	dezenas	unidades
1	0	0	0	0	0	0

1 milhão = _____ centenas de milhar = _____ de unidades

Atividades

1 Complete as sequências numéricas crescentes de acordo com a regra de cada uma.

a) 500 000 | 600 000 | ____ | 800 000 | 900 000 | ____

b) 950 000 | 960 000 | 970 000 | 980 000 | 990 000 | ____

c) ____ | ____ | 940 000 | 960 000 | ____ | 1 000 000

2 Uma construtora está vendendo vinte casas por R$ 50 000,00 cada uma.

a) A construtora já recebeu o valor pela venda de duas dessas casas. Qual foi o valor recebido?
_____

b) Com a venda de dez casas, quanto a construtora receberá no total? E com a venda das vinte casas?
_____

3 Responda às questões.

a) 1 000 pessoas cabem em um estádio de futebol? E 1 000 000 de pessoas?
_____

b) A população do município onde você vive é maior que 1 000 000 de habitantes?
_____

c) A população do estado ao qual pertence seu município é maior que 1 000 000 de habitantes? _____

d) Quantas moedas de 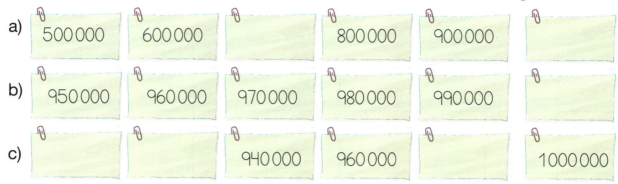 são necessárias para formar R$ 1 000 000,00?
_____

e) Quantas cédulas de [nota de 100 reais] formam R$ 1 000 000,00?
_____

trinta e um 31

Números com até nove algarismos

De acordo com o Instituto Brasileiro de Geografia e Estatística (IBGE), em 2017 a população brasileira era de 207 660 929 habitantes. Observe o número 207 660 929 no quadro de ordens e classes e faça o que se pede.

3ª classe ou classe dos milhões			2ª classe ou classe dos milhares			1ª classe ou classe das unidades simples		
9ª ordem	8ª ordem	7ª ordem	6ª ordem	5ª ordem	4ª ordem	3ª ordem	2ª ordem	1ª ordem
centenas de milhão	dezenas de milhão	unidades de milhão	centenas de milhar	dezenas de milhar	unidades de milhar	centenas	dezenas	unidades
2	0	7	6	6	0	9	2	9

a) Complete a decomposição.

207 660 929 = 200 000 000 + 7 000 000 + _____ + _____ + + _____ + _____ + _____

b) Qual é a ordem de grandeza de 207 660 929? _____

c) Como lemos esse número? _____

d) Nesse número, o valor posicional do algarismo 2 é _____ milhões ou _____.

Atividades

1 Leia o diálogo e responda às questões.

Sérgio, o prêmio da loteria desta semana é de cento e dezenove milhões cento e quarenta e dois mil cento e quarenta e quatro reais.

Isso é muito dinheiro, Alex. Esse número que você falou é tão grande que nem sei como escrevê-lo!

a) Escreva, com algarismos, o número que Sérgio falou. _____

b) Em quantas classes podemos separar esse número? _____

c) Qual é a ordem de grandeza desse número? _____

2 Componha os números a seguir.

a) 60 000 000 + 3 000 000 + 600 = _____

b) 2 000 000 + 175 000 + 45 = _____

c) 500 000 000 + 30 000 000 + 5 000 000 + 247 000 = _____

3 Decomponha os números considerando o valor posicional de cada algarismo. Depois, escreva como se lê cada um deles.

a) 7 102 359

_____
_____
_____

b) 103 224 500

_____
_____
_____

c) 456 000 000

_____
_____
_____

 4 Observe o cartaz ao lado.

a) Aproximadamente, quantos litros serão desperdiçados por dia?

_____

b) Quantos litros de água poderão ser desperdiçados em um ano? Pinte o quadrinho com o valor mais próximo.

- 200 mil litros de água.
- 500 mil litros de água.
- 1 milhão de litros de água.

Cuidado com vazamentos

Uma torneira vazando um filete de 4 mm desperdiça, aproximadamente, 13 260 litros de água por mês.

Dado obtido no *site* <http://mod.lk/vazament>.
Acesso em: 2 ago. 2018.

trinta e três **33**

Arredondamentos e comparações

Em um condomínio, há 3 casas à venda, conforme as imagens a seguir.

a) O valor da casa 1 está mais próximo de 100 mil ou de 200 mil reais?
_____

b) Qual é o arredondamento do número 289 000 para a **centena de milhar** mais próxima? _____

c) O valor da casa da imagem 3 está mais próximo de 300 mil ou de 400 mil reais?
_____

d) Qual é o arredondamento do número 318 000 para a **dezena de milhar** mais próxima? _____

e) Localize o valor de cada uma das 3 casas na reta numérica abaixo.

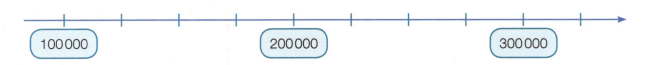

Atividades

1 Pinte com ✏ os números que são mais próximos de cem mil do que de duzentos mil.

a) 168 219
b) 109 201
c) 127 302
d) 197 000

2 Ordene os números dos vagões do menor para o maior.

2 856 003 | 256 350 | 990 009 | 856 023 | 256 200 | 1 000 500 | 1 759 000

☐ ☐ ☐ ☐ ☐ ☐ ☐

3 Complete o quadro com os arredondamentos indicados.

Número	Arredondamento para a centena de milhar mais próxima	Arredondamento para a dezena de milhar mais próxima	Arredondamento para a unidade de milhar mais próxima
463 236	500 000		
176 012			
632 698			

4 Paulo, Márcia, Ana e Rafael eram candidatos em uma eleição para prefeito de uma cidade, em 2018. Observe a tabela e o gráfico a seguir, que mostram a quantidade de votos que cada um recebeu, e faça o que se pede.

Eleição para prefeito

Candidato	Votos
Paulo	570 308
Márcia	610 017
Ana	390 879
Rafael	240 920

Fonte: Responsável pela apuração dos votos, 9 ago. 2018.

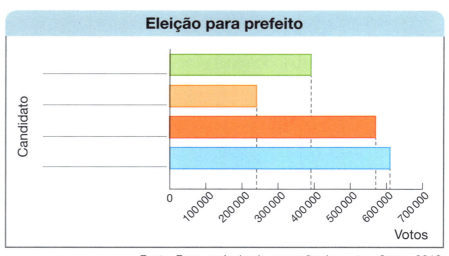

Fonte: Responsável pela apuração dos votos, 9 ago. 2018.

a) Complete o gráfico com o nome dos candidatos.

b) Quantos votos esses candidatos receberam juntos, aproximadamente?

_____

c) Reúna-se com um colega e conversem sobre como cada um pensou para resolver o item anterior.

Compreender informações

Analisar os possíveis resultados de um experimento aleatório

1 Em um jogo, é a vez de Paulo girar uma roleta. Para ganhar, ele precisa que a roleta pare no maior número.

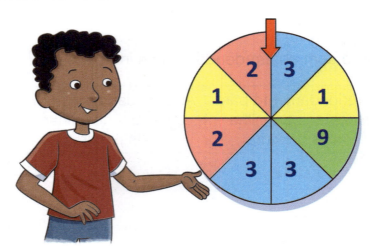

a) Quais são os possíveis números em que a roleta pode parar? _____

b) Qual número Paulo deve conseguir para ganhar o jogo? _____

c) Todos os números da roleta têm a mesma probabilidade de sair? Por quê?
_____
_____

d) Qual é o resultado mais provável de sair na roleta? Por quê?
_____
_____

e) Quantas vezes precisamos girar a roleta para ganhar o jogo?
_____
_____
_____

2 Considere o seguinte experimento aleatório: lançar um dado comum (com faces numeradas de 1 a 6) e observar o número que aparece na face que fica voltada para cima. Nesse experimento, cada resultado possível tem a mesma probabilidade de ocorrer, ou seja, é igualmente provável que ocorra como os demais? Por quê?
_____
_____

3 Em uma urna há bolas idênticas numeradas de 1 a 13. Considere o seguinte experimento aleatório: sortear uma bola e observar seu número.

a) Quais são todos os possíveis resultados desse experimento?

b) Nesse experimento, cada resultado possível tem a mesma probabilidade de ocorrer que os demais?

c) Quais são os resultados favoráveis ao evento "sair uma bola com número ímpar"?

4 Em um saco há 10 bolinhas do mesmo tamanho, de cores diferentes e feitas do mesmo material, conforme mostra a ilustração ao lado.

Considerando que se sorteie uma dessas bolinhas, sem olhar, responda às questões.

a) Que cores podem sair nesse sorteio?

b) Cada cor tem a mesma probabilidade de sair no sorteio? Por quê?

c) O que é mais provável de ocorrer: sortear uma bolinha vermelha ou uma bolinha verde? Por quê?

d) O que tem menor chance de ocorrer: sortear uma bolinha vermelha ou sortear uma bolinha azul? Por quê?

e) Qual é a probabilidade de sortear uma bolinha roxa? Por quê?

f) Escreva um evento diferente dos anteriores e peça a um colega que analise a chance de ele ocorrer.

A Matemática me ajuda a ser...

... alguém que compreende as diferenças

Você sabia que existem cães que são treinados para ajudar pessoas com deficiência visual a se locomover? Esses cães são chamados de cães-guia.

Em 25 de abril, é comemorado o Dia Internacional do Cão-Guia. As primeiras notícias sobre as tentativas de treinar cães para auxiliar cegos datam de 1780, na França. No Brasil, existe um projeto desde 2015 para implantar centros de formação de treinadores de cães-guia em todas as regiões do país. Esse projeto é relevante, considerando que há cerca de 7 milhões e 300 mil brasileiros com deficiência visual, de acordo com a Pesquisa Nacional de Saúde de 2013, do IBGE.

O decreto 5.904, de 21 de setembro de 2006, regulamenta a Lei nº 11.126, de 27 de junho de 2005, que assegura "à pessoa com deficiência visual usuária de cão-guia o direito de ingressar e permanecer com o animal nos veículos e nos estabelecimentos públicos e privados de uso coletivo". Essa lei também define que deficiência visual limita-se à "cegueira e baixa visão".

Ness Murby, atleta paralímpica, com seu cão-guia Lex. Vila de Atletas Paralímpicos, Rio de Janeiro, Brasil, 2016.

Em 2016, no Brasil havia 16 cães treinados em atuação, além de outros 71 que passavam pelo processo de adestramento ofertado pelo Instituto Federal de Camboriú (IFC) e pelo Instituto Federal do Espírito Santo (Ifes).

A maioria das pessoas não sabe como se comportar ao encontrar um cão-guia. Veja algumas dicas:

- Peça autorização ao dono antes de interagir com o cão-guia e evite brincar com ele para não distraí-lo.
- Sempre caminhe do lado direito do deficiente visual.
- Se encontrá-lo num restaurante, não dê comida ao cão-guia, pois ele tem uma dieta especial para manter sua saúde.
- Se estiver com um cão, controle-o para evitar algum acidente com o cão-guia de outra pessoa.

Informações obtidas em: <http://mod.lk/caoguia> e <http://mod.lk/caoguiac>. Acessos em: 2 ago. 2018.

Metalúrgico Flavio Henrique de Souza com sua cão-guia Ivvy. São Bernardo do Campo, SP, 2016.

Tome nota

1. Em que dia é comemorado o Dia Internacional do Cão-Guia?

   _____

2. Em que ano foram divulgadas as primeiras notícias sobre as tentativas de treinar cães para auxiliar cegos?

   _____

3. Quantos cães-guia estavam em atividade no Brasil em 2016?

   _____

4. Quantos brasileiros, aproximadamente, têm deficiência visual de acordo com a Pesquisa Nacional de Saúde de 2013? Registre essa quantidade com todos os algarismos.

   _____

Reflita

1. Como você se sentiria se fosse impedido de entrar em um local ao qual tem o direito de ir?

2. Em 2000, Thays Martinez, uma advogada cega, foi impedida de entrar no metrô de São Paulo porque estava acompanhada de seu cão-guia Bóris, falecido em outubro de 2009. Após o incidente no metrô, Thays recorreu à Justiça e sua luta resultou na Lei nº 11.126, de 2005.

   O que você acha de a advogada ter tido que esperar algum tempo até poder usar o metrô com seu cão-guia?

Thays Martinez e seu cão-guia Diesel em estação do metrô. São Paulo (SP), 2011.

trinta e nove 39

Pratique mais

1) Arredonde cada número para a centena de milhar mais próxima.

a) 216 314 ▶
b) 98 651 ▶
c) 486 018 ▶
d) 359 123 ▶
e) 142 321 ▶
f) 873 952 ▶

2) Escreva o valor posicional do algarismo 5 em cada número.

a) Os dinossauros foram extintos há cerca de 65 000 000 de anos.

b) O prêmio acumulado da loteria é de R$ 23 450 008,00.

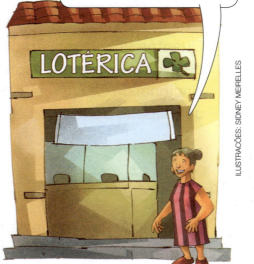

3) Escreva cada número somente com algarismos.

a) Treze milhões e duzentos ▶ _____

b) Seiscentos e cinquenta e oito mil trezentos e catorze ▶ _____

c) Dez milhões e setecentos mil ▶ _____

d) Oitocentos e noventa e cinco mil e trinta e seis ▶ _____

e) Cem mil quinhentos e treze ▶ _____

f) Nove milhões nove mil e nove ▶ _____

Cálculo mental

1 Os valores mostrados no quadro abaixo representam a quantidade de visitantes em 4 locais de certo estado brasileiro, em um ano.

Museu: 1 226 000 visitantes
Zoológico: 3 297 000 visitantes
Parque temático: 8 458 000 visitantes
Teatro: 6 375 000 visitantes

A quantidade de visitantes do museu é de aproximadamente 1 200 000 visitantes ou 1,2 milhão de visitantes.

a) Leia o que Nicole está dizendo e arredonde os outros números do quadro da mesma forma que ela fez. _____

b) Estime a quantidade total de visitantes durante o ano. _____

2 Pinte a estimativa correta em cada caso.

a) Em uma estrada passa por dia cerca de 4,5 milhões de veículos. Qual dos números abaixo representa com mais precisão essa quantidade?

| 4 463 774 | 4 507 235 |

b) Entre os veículos, aproximadamente 2 milhões eram caminhões. Qual número representa melhor essa quantidade?

| 2 119 000 | 1 998 000 |

c) No ano passado, 1 115 560 pessoas precisaram de ajuda naquela estrada. A forma como esse número vai aparecer nos relatórios é:

| 1,1 milhão | 1,2 milhão |

3 Um campeonato de futebol teve em 3 dias uma receita de R$ 209 859,00.

a) Faça uma estimativa da receita do campeonato por dia. _____

b) Com o auxílio de uma calculadora, calcule o valor real da receita por dia e compare com o valor da sua estimativa.

O que você aprendeu

1. Qual dos números abaixo está entre 41 000 e 42 005?
   a) ☐ 40 890
   b) ☐ 41 998
   c) ☐ 40 999
   d) ☐ 42 009

2. Patrícia quer escrever o maior número natural de seis algarismos usando apenas uma vez cada um dos algarismos das placas abaixo.

   Qual é esse número?
   a) ☐ 715 309
   b) ☐ 975 130
   c) ☐ 903 715
   d) ☐ 975 310

3. Ricardo quer escrever o menor número natural de quatro algarismos usando uma única vez cada um dos algarismos abaixo. Qual é esse número?
   a) ☐ 2 648
   b) ☐ 2 684
   c) ☐ 2 468
   d) ☐ 2 486

4. Qual é a ordem de grandeza do número 678 425?
   a) ☐ Centena.
   b) ☐ Centena de milhar.
   c) ☐ Dezena de milhar.
   d) ☐ Unidade de milhão.

5. Marque com um **X** a alternativa que apresenta um número entre 999 999 e 1 010 000.
   a) ☐ 1 100 000
   b) ☐ 999 990
   c) ☐ 1 009 999
   d) ☐ 1 011 000

6. Pedro pensou em um número que:
   • está entre 374 000 e 380 000;
   • tem o 1 como último algarismo;
   • na reta numérica está mais próximo de 374 000 que de 380 000.

   Qual foi o número em que Pedro pensou?
   a) ☐ 379 621
   b) ☐ 373 999
   c) ☐ 374 261
   d) ☐ 378 621

42 quarenta e dois

7 Qual alternativa apresenta o número dois milhões e nove?

a) ☐ 2 000 009

b) ☐ 2 009

c) ☐ 2 000 900

d) ☐ 2 009 000

8 No número 6 128 354, quanto vale o algarismo 6?

a) ☐ 6 000   c) ☐ 60 000

b) ☐ 6 000 000 d) ☐ 600 000

9 Quarenta dezenas de milhar de árvores são quantas árvores?

a) ☐ 40 000 árvores.

b) ☐ 40 000 000 árvores.

c) ☐ 4 000 000 árvores.

d) ☐ 400 000 árvores.

10 Qual dos números escritos abaixo é mais próximo de 588 952?

a) ☐ 550 000

b) ☐ 580 000

c) ☐ 590 000

d) ☐ 600 000

11 Responda.

Qual é o sucessor do sucessor de 998 mil?

a) ☐ 1 000

b) ☐ 996 000

c) ☐ 999 000

d) ☐ 998 002

Quebra-cuca

Descubra o número de três algarismos de acordo com as informações da lousa.

- O algarismo das dezenas vale 10 vezes o valor do algarismo das unidades.
- O algarismo das centenas vale 30 vezes o valor do algarismo das dezenas.

UNIDADE 2 — As quatro operações

Para começar...

A escola de Beatriz, Marcos, Roberto e Vanessa organizou uma festa junina.

- Até as 15 horas, 1 142 pessoas já haviam visitado a festa junina. No resto da tarde, mais 427 pessoas compareceram à escola. No total, quantas pessoas foram à festa?

- Beatriz foi eleita miss caipirinha na festa junina da escola. Roberto, que foi eleito mister caipirinha, teve 620 votos a menos que ela. Quantos votos Roberto recebeu?

Para refletir...

Alguns pais ajudaram a fazer doces para a barraca de doces.

- A mãe de Francisco fez 50 maçãs do amor e 100 pedaços de bolo. Todos esses doces foram vendidos. Quanto foi arrecadado com a venda desses doces?

_____

Adição e subtração

Adição

A tabela a seguir mostra a quantidade de veículos que passaram por uma rodovia nas primeiras duas horas de um dia.

Veículos por período

Período	Quantidade de veículos
1ª hora	13 416
2ª hora	15 962

Fonte: Administradora da rodovia (2 jan. 2018).

a) Ao todo, quantos veículos passaram por essa rodovia nas duas primeiras horas desse dia?

Para obter o total de veículos que passaram por essa rodovia nas duas primeiras horas desse dia, precisamos calcular o resultado da adição de 13 416 com 15 962. Veja como Ana efetuou essa adição e complete.

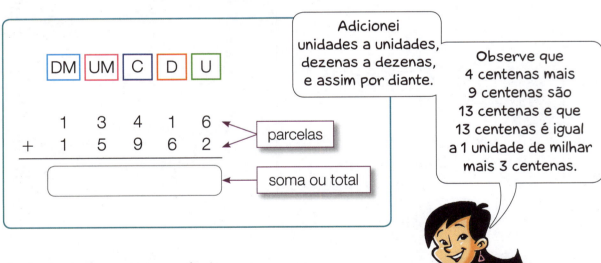

Ao todo, _____ veículos passaram por essa rodovia nas duas primeiras horas desse dia.

b) Se na 3ª hora desse dia a quantidade de veículos dobrar em relação à 1ª hora, quantos veículos terão passado pela rodovia nessas três horas?

_____

46 quarenta e seis

Atividades

1) Em uma calculadora, digite o número 1245. Depois, usando apenas a tecla e as teclas de números, obtenha o número 4587.

- Converse com o professor e os colegas sobre o modo como você pensou para obter esse número.

2) Faça um cálculo aproximado e marque com um **X** a alternativa correta.

João tinha 1900 reais e recebeu mais 790 reais. Com quantos reais ele ficou?

☐ Menos de 2100 reais.

☐ Entre 2100 e 2500 reais.

☐ Mais de 2600 reais.

3) Descubra o algarismo que corresponde a cada símbolo e registre-os.

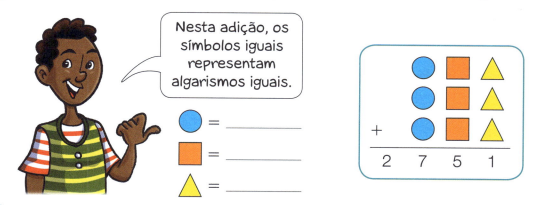

Nesta adição, os símbolos iguais representam algarismos iguais.

🔵 = _____

🟧 = _____

🔺 = _____

4) Analise os dois cálculos e descubra qual está correto.

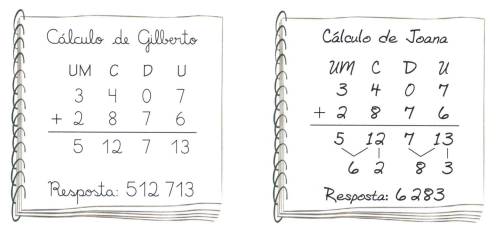

O cálculo de _____ está correto.

- Converse com um colega sobre como Gilberto e Joana pensaram para fazer o cálculo.

Subtração

Adilson queria comprar um automóvel, e o modelo de que gostou custava 49 468 reais. Depois de algumas pesquisas, ele comprou o automóvel em uma promoção por 46 734 reais.

a) De quantos reais foi a economia de Adilson?

Vamos calcular o valor que Adilson economizou subtraindo 46 734 de 49 468. Observe e complete.

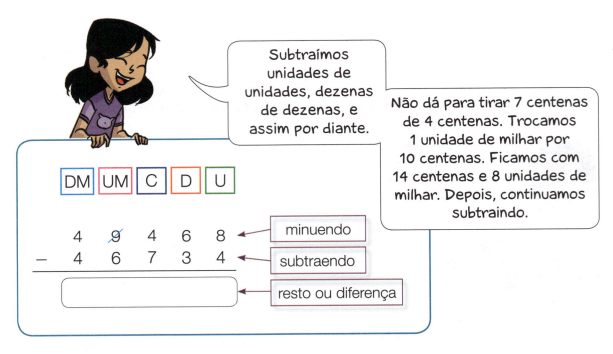

A economia de Adilson foi de _____ reais.

b) Se a economia de Adilson tivesse sido de 4 362 reais, qual seria o valor de compra desse automóvel?

_____

Atividades

1. Digite o número 12 500 em uma calculadora. Depois, usando apenas as teclas de números e a tecla ⊟ , faça aparecer no visor o número 1 678.

• Converse com o professor e os colegas sobre como você pensou para resolver esse problema.

2 Faça um cálculo aproximado e marque com um **X** a alternativa correta.

Sabrina tinha uma quantia de dinheiro guardada no banco. Então, depositou 2 108 reais e ficou com 3 180 reais. Quantos reais ela tinha, inicialmente, no banco?

☐ Menos de 800 reais.

☐ Entre 800 e 900 reais.

☐ Entre 1 000 e 1 200 reais.

3 Uma editora levou para uma feira 2 150 livros, dos quais 1 235 foram vendidos nas duas primeiras horas.

a) Os livros vendidos nas duas primeiras horas representam mais ou menos da metade da quantidade total de livros que a editora levou para essa feira?

_____

b) Se todos os livros dessa editora foram vendidos, quantos foram vendidos após as duas primeiras horas? _____

4 Observe o gráfico abaixo que mostra a quantidade de internações em um hospital municipal no período de 2016 a 2018. Depois, responda às questões.

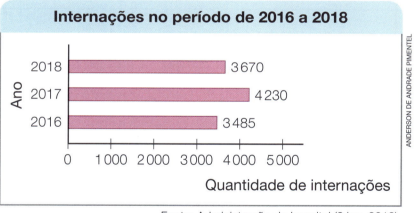

Fonte: Administração do hospital (2 jan. 2019).

a) Em qual período houve diminuição da quantidade de internações?

_____

b) De quantas internações foi essa diminuição?

_____

c) Qual foi o total de internações nesses três anos? _____

5 Resolva as adições e as subtrações propostas no adesivo 1 da Ficha 16.

quarenta e nove

Propriedades

Uma partida de boliche tem geralmente 10 jogadas com 2 lances cada uma. Fernando, Flávia e Sérgio foram jogar boliche. Observe o quadro que mostra a quantidade de pinos que cada um derrubou na 1ª jogada e faça o que se pede.

Jogadores	1º Lance	2º Lance	TOTAL
Fernando	5	4	
Flávia	4	5	
Sérgio	7	0	
		TOTAL	

a) Calcule e complete no quadro o total de pontos de Fernando e de Flávia na 1ª jogada.

Fernando: __5__ + __4__ = ____

Flávia: __4__ + __5__ = ____

> Em qualquer adição, quando mudamos a ordem das parcelas, a soma não se altera. Esse fato é chamado de **propriedade comutativa da adição.**

b) Calcule e complete no quadro o total de pontos de Sérgio na 1ª jogada.

Sérgio: __7__ + __0__ = ____

> Quando adicionamos zero a um número, o resultado não se altera. Por isso, dizemos que **zero** é o **elemento neutro da adição**.

c) Calcule e complete no quadro o total de pontos obtidos pelos jogadores na 1ª jogada.

Veja duas maneiras de calcular o total de pontos.

(__9__ + __9__) + __7__

____ + __7__ = ____

__9__ + (__9__ + __7__)

__9__ + ____ = ____

> Em qualquer adição, quando associamos as parcelas de modos diferentes, obtemos sempre o mesmo resultado. Esse fato é chamado de **propriedade associativa da adição**.

Atividades

Animação
Propriedades da adição

1 Responda à questão sem calcular o resultado de cada adição.

A	59 + 27
B	394 + 268
C	27 + 59
D	7 123 + 4 712

E	268 + 394
F	281 + 46
G	4 712 + 7 123
H	46 + 281

- Quais dessas adições têm a mesma soma? Justifique.

_____

_____

_____

2 Complete o quadro com as somas e faça o que se pede.

+	0	10	200	350	5 000
0	0	10	200		
10					
200					
350					
5 000					

a) Observe o quadro completo e tente encontrar algumas regularidades.

Agora, descreva uma regularidade que você tenha encontrado.

_____

_____

_____

b) Reúna-se com um colega e discutam as regularidades que vocês observaram nos resultados encontrados.

cinquenta e um 51

3 Observe a balança e marque com um **X** a resposta correta.

Qual dos pesos abaixo deve ser colocado na balança para que ela fique em equilíbrio?

☐ ☐ ☐ ☐

4 Leia o diálogo e responda às questões.

a) Em qual loja há mais calçados? _____

b) Há quantos calçados na loja Sapato Bom? E na loja Conforto no Pé?

_____

5 Faça o que se pede.

Em cada caso, complete com um número de modo que as sentenças sejam verdadeiras.

a) 74 + 28 = 28 + _____

b) 542 + 195 = _____ + 542

c) 95 + _____ = 61 + _____

d) 45 + 38 = _____ + _____

6 Na biblioteca da escola de Fábio, há 43 livros de Língua Portuguesa, 68 de Matemática, 57 de Ciências e 102 de outros assuntos. Quantos livros há nessa biblioteca?

> **Dica**
> Procure agrupar os números de uma forma que facilite os cálculos.

Há _____ livros nessa biblioteca.

7 Um time participou de um campeonato de futebol organizado por uma escola.

Observe o quadro abaixo, que mostra a quantidade de gols marcados por esse time em cada fase do campeonato.

Fase	Quantidade de gols
1ª	14
2ª	17
3ª	23

Quantos gols o time marcou no total?

Calcule a soma dos gols desse time em todas as fases do campeonato, associando as parcelas de duas maneiras.

8 Escreva **V** para verdadeiro e **F** para falso.

a) ☐ 0 + 140 = 140 + 0

b) ☐ 100 + 80 + 90 = 180 + 80

c) ☐ 2 569 + 0 = 0 + 2 569

d) ☐ 230 + 360 + 140 = 230 + 500

Resolução de problemas

Para a estreia de um espetáculo circense, foram colocadas à venda 1 500 entradas. Pela manhã, foram vendidas 389 entradas, e à tarde, 450. Quantas entradas ainda estão à venda?

Para resolver um problema, siga estes passos.

1º passo: Compreenda o problema

Pergunta ▸ Quantas entradas ainda estão à venda?

Dados ▸ Foram colocadas à venda 1 500 entradas.
Pela manhã, foram vendidas 389 entradas, e à tarde, 450.

2º passo: Pense sobre o que deve ser feito

Primeiro, você tem de calcular quantas entradas foram vendidas ao todo.

Depois, tem de calcular quantas entradas ainda não foram vendidas, subtraindo o total de entradas vendidas das que foram colocadas à venda.

3º passo: Calcule

389 + 450 = _____

C	D	U
1		
3	8	9
+ 4	5	0

1 500 − 839 = _____

UM	C	D	U
0	14	9	
1̸	5̸	1̸0̸	10
	− 8	3	9

Ainda estão à venda _____ entradas.

4º passo: Comprove

Revise todos os passos e operações realizados.

Atividades

1 Sílvia e Cristiano fizeram uma caminhada de dois dias. No primeiro dia, eles andaram uma distância de 8 326 metros. No segundo, andaram 12 757 metros. Quantos metros eles percorreram ao todo nesses dois dias?

Ao todo, eles percorreram _____ metros.

2 Veja a quantia que Nicole e Rebeca levaram à feira e responda.

Quantia de Nicole    Quantia de Rebeca

a) Quanto cada menina gastou na feira, se cada uma comprou um pastel por 5 reais e um copo de caldo de cana por 4 reais? _____

b) Quem ficou com mais dinheiro após pagar o consumo na feira?
Com quantos reais? _____

3 Em um clube, foi construída uma piscina olímpica com capacidade máxima de 2 500 000 litros de água. Leia o que Tamires está dizendo e responda à pergunta.

Já colocamos 1 374 200 litros de água na piscina. Quantos litros ainda serão necessários para que essa piscina fique com a capacidade máxima de água?

4 Observe o gráfico e responda às questões.

Fonte: Fábrica de brinquedos (mar. 2018).

a) Quantas bonecas foram fabricadas nesse bimestre?
E quantos carrinhos? _____

b) Quantos brinquedos foram fabricados em janeiro? E em fevereiro?
_____

5 Resolva os problemas propostos nos adesivos 2 e 3 da Ficha 16.

cinquenta e cinco 55

A Matemática me ajuda a ser...

... uma pessoa que faz planejamento financeiro

Essas e outras perguntas rondam os lares quando o assunto é orçamento doméstico. Para se organizar financeiramente, é preciso levar em conta a quantia disponível no período (o que já se tem ou o que se vai receber) e os gastos (sejam eles previstos ou imprevistos, como a compra de remédios, caso alguém fique doente). Assim, a primeira dica é não gastar mais do que tem disponível!

Uma pessoa que faz planejamento financeiro sabe de todas as suas contas. Um caminho para isso é usar uma planilha eletrônica e anotar tudo que acontece com o dinheiro. Dessa forma, é possível saber exatamente onde, quando e quanto se gastou ou recebeu. Mas também tudo pode ser anotado em um caderninho.

Veja algumas dicas para registrar o que acontece com o dinheiro.

Dicas

- Estabeleça um período: uma semana ou um mês, por exemplo.
- Marque seus recebimentos: mesada ou o dinheiro que ganhou de aniversário de sua tia.
- Crie categorias para seus gastos (assim fica fácil saber onde está gastando mais ou gastando menos). Você pode, por exemplo, criar a categoria *alimentação* e então incluir lanches na cantina da escola, sorvetes e refeições no fim de semana.
- Marque os gastos extras (que não acontecem todo mês): presente de aniversário para o melhor amigo, ingresso de cinema para assistir à estreia de um filme etc.

Depois de tudo registrado, é hora de calcular a diferença entre o que você recebeu e o que gastou. A ideia é sempre evitar gastar mais do que ganhou, combinado?

Tome nota

Observe o planejamento financeiro parcial da família Plaza e faça o que se pede.

	A	B	C	D
1	Mês/ano:	Setembro/2017		
2	Categoria	Descrição	Débito	Crédito
3	Alimentação	Supermercado	R$ 589,00	
		Restaurantes		
4	Saúde	Seguro-saúde	R$ 955,00	
		Remédios	R$ 104,00	
5	Educação	Escola	R$ 1 200,00	
		Cursos	R$ 355,00	
6	Rendimentos	Salário de Andréa		R$ 4 200,00
		Salário de Filipe		R$ 3 600,00
7	Casa	Água	R$ 85,00	
		Energia elétrica	R$ 158,00	
		TV, telefonia e internet	R$ 370,00	
		Prestação do apartamento	R$ 1 100,00	
8	Carro	Combustível	R$ 379,00	
		Prestação do carro	R$ 630,00	
9	Lazer	Diversos	R$ 274,00	
10		Total		

a) Complete na planilha acima o total de gastos (débitos) e recebimentos (créditos) da família Plaza.

b) Sua família tem outros gastos além dos que a família Plaza listou acima?

c) Considerando o total de créditos e débitos listados na planilha acima, quantos reais a família Plaza ainda possui? O que poderia ser feito com essa quantia?

Reflita

1 Por que é importante realizar planejamentos financeiros?

2 Peça ajuda às pessoas que moram com você e registre tudo o que fizer com seu dinheiro durante quinze dias. Depois, analise e verifique se os gastos estão de acordo com seu orçamento e seus planos.

Controle seus impulsos. Pense antes de gastar.

Multiplicação e divisão

Multiplicação

Maurício trabalha como guia em um parque turístico brasileiro. Nas visitas guiadas por ele, as turmas são compostas de 14 pessoas. No último ano, ele realizou 142 visitas guiadas. Quantas pessoas foram guiadas por Maurício nesse último ano?

- Primeiro, calculamos 4 vezes 142.
  4 vezes 2 unidades são
  8 unidades.
  4 vezes 4 dezenas são
  16 dezenas ou
  1 centena e 6 dezenas.
  4 vezes 1 centena são 4 centenas.

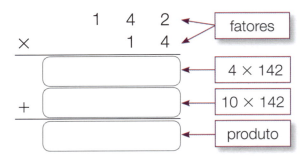

- Depois, calculamos 10 vezes 142.
  10 vezes 2 unidades são
  20 unidades ou 2 dezenas.
  10 vezes 4 dezenas são
  40 dezenas ou 4 centenas.
  10 vezes 1 centena são
  10 centenas ou 1 unidade de milhar.

- Finalmente, adicionamos os resultados de 4 × 142 e 10 × 142.

Nesse último ano, _____ pessoas foram guiadas por Maurício.

Atividades

1 Calcule o resultado em cada caso.

a)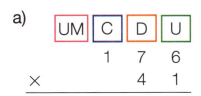

b)

UM	C	D	U
		4	6
×		6	1

c)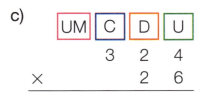

2 Luana e Vítor querem comprar a mesa e as 4 cadeiras mostradas na ilustração ao lado.

Veja os cálculos aproximados que eles fizeram do preço total a ser pago pela mesa com as cadeiras.

a) Qual é o resultado aproximado do cálculo de Luana? E o de Vítor?
_____

b) Qual desses cálculos você acha que está mais próximo do valor total a ser pago? Justifique sua resposta. _____
_____

c) Qual é o preço total da mesa com as cadeiras?
_____

3 Giovana queria calcular o resultado da multiplicação 18 × 32, mas a tecla 8 de sua calculadora estava quebrada. Veja as teclas que ela apertou para resolver o problema.

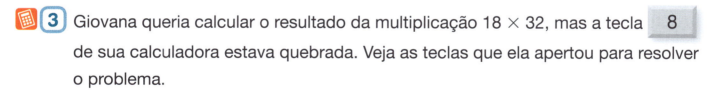

a) Qual foi o resultado encontrado por Giovana? Compare esse número com o resultado de 18 × 32. _____

b) Explique a um colega o raciocínio que Giovana utilizou.

4 Resolva as multiplicações propostas no adesivo 4 da Ficha 16.

cinquenta e nove 59

Propriedades

- Podemos contar as maçãs da caixa de dois modos. Observe e complete.

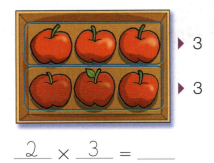 ▸ 3
▸ 3

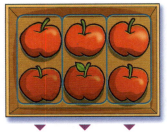
▼ ▼ ▼
2 2 2

__2__ × __3__ = ____   __3__ × __2__ = ____

> Em qualquer multiplicação, quando mudamos a ordem dos fatores, o produto não se altera. Esse fato é chamado de **propriedade comutativa da multiplicação**.

- Escreveremos uma multiplicação para cada situação. Complete.

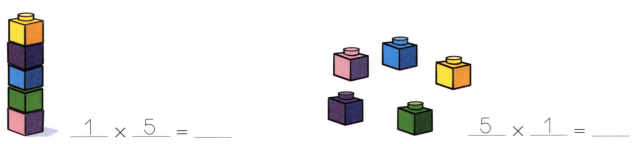

__1__ × __5__ = ____   __5__ × __1__ = ____

> O número 1 é o **elemento neutro da multiplicação**, pois, quando calculamos um número vezes 1 ou fazemos 1 vezes o número, o resultado é o próprio número.

- Contaremos a quantidade de pratos de dois modos. Observe e complete.

1º modo: 3 prateleiras, cada uma com (2 × 6) pratos.

$$3 × (2 × 6) = 3 × 12 = \_\_\_\_$$

2º modo: 3 prateleiras com 2 caixas cada uma, ou seja, (3 × 2) caixas. Cada caixa tem 6 pratos.

$$(3 × 2) × 6 = 6 × 6 = \_\_\_\_$$

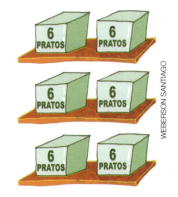

> Em qualquer multiplicação, quando associamos os fatores de modos diferentes, obtemos sempre o mesmo resultado. Esse fato é chamado de **propriedade associativa da multiplicação**.

Atividades

Animação
Propriedades da multiplicação

1) Ligue as multiplicações que têm resultados iguais. Depois, calcule o resultado de cada uma com uma calculadora e complete.

15 × 48 = _____

1 × 234 = _____

52 × 102 = _____

74 × 23 = _____

23 × 74 = _____

48 × 15 = _____

234 × 1 = _____

102 × 52 = _____

2) Associe os fatores de forma conveniente e calcule. Depois, registre os resultados.

a) 7 × 4 × 25 = ☐   b) 5 × 2 × 23 = ☐   c) 9 × 25 × 4 = ☐

3) A quantidade de frutas em cada caso pode ser calculada por meio de uma multiplicação. Complete com os números que estão faltando em cada multiplicação.

a)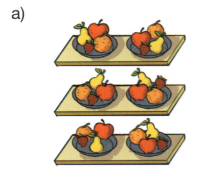

b)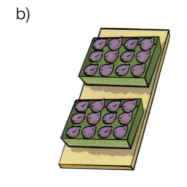

c)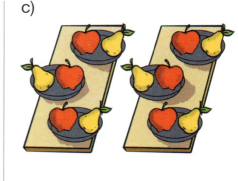

3 × (____ × ____) = ____ | 2 × (____ × ____) = ____ | ____ × (3 × ____) = ____

4) Observe o que Lucas está dizendo e faça o que se pede.

Pensei em uma multiplicação. Nessa multiplicação, os dois fatores são pares e o produto é 20.

- Escreva a multiplicação em que Lucas pensou. _____

Compreender informações

Interpretar e organizar dados em tabelas e em gráficos

1 Para comprar livros para a biblioteca, a diretora de uma escola fez uma pesquisa com todos os alunos de 5º ano sobre a preferência de gênero de leitura. Cada aluno votou em apenas um gênero.

a) Complete a tabela com os resultados anotados pela diretora.

Gênero de leitura favorito dos alunos do 5º ano

Gênero de leitura	Votação (cada traço vale 10 votos)	Quantidade de votos
Quadrinhos	⊠ ⊠ ☐	
Mistério	⊠ |	
Aventura	⊠ ⊓	
Ficção	⌐	20

Frequência (quantidade de vezes que cada informação aparece)

Fonte: Diretora da escola (fev. 2018).

b) A diretora fez um **gráfico pictórico** de acordo com os dados da tabela. Ajude-a e complete o gráfico.

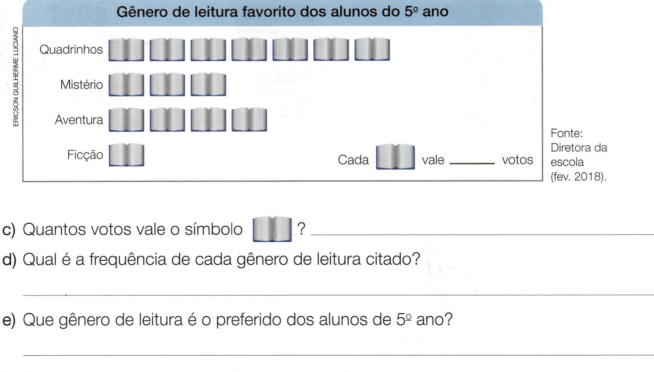

Fonte: Diretora da escola (fev. 2018).

c) Quantos votos vale o símbolo 📖? _____

d) Qual é a frequência de cada gênero de leitura citado?

_____

e) Que gênero de leitura é o preferido dos alunos de 5º ano?

_____

f) Quantos alunos de 5º ano há nessa escola? _____

2) Após o encerramento do 1º trimestre do ano letivo, a professora Paula promoveu um debate com os alunos da classe em que ela leciona sobre a importância da presença nas aulas.

Paula apresentou a seus alunos o gráfico abaixo, que mostra como a classe se comportou quanto às faltas nesse trimestre. Esse tipo de gráfico é denominado **gráfico de colunas duplas**.

a) Observe o gráfico e converse com um colega sobre os elementos que aparecem nele. Na opinião de vocês, o que as cores indicam?

b) Complete a tabela de dupla entrada com base nos dados apresentados no gráfico.

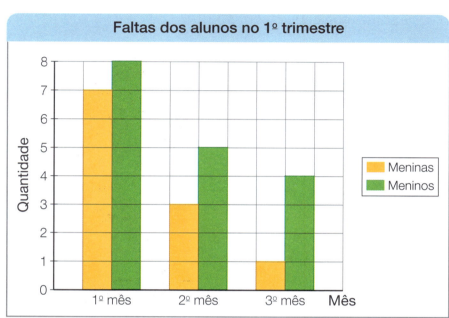

Fonte: Turma da professora Paula (maio 2018).

Faltas dos alunos no 1º trimestre

Mês Alunos	1º mês	2º mês	3º mês
Meninas			
Meninos			

Fonte: Turma da professora Paula (maio 2018).

c) Escreva uma frase para descrever o que mudou do 1º para o 3º mês em relação à quantidade de faltas dos meninos.

_____

_____

d) O que os dados do gráfico mostram em relação à quantidade de faltas dos alunos da professora Paula?

_____

_____

e) Entre os alunos de Paula, quem mais diminuiu a quantidade de faltas: os meninos ou as meninas? Explique para um colega como você descobriu isso.

sessenta e três **63**

Divisão

Veja duas maneiras de calcular o resultado de 139 ÷ 4 e complete as lacunas.

Cálculo por meio de estimativas

Quantos **4** cabem em **139**?
Estimei que coubessem **30**.

30 × 4 = _____
Ainda restaram 19 para dividir por 4.

Quantos **4** cabem em **19**?
Com certeza **4**, pois
4 × 4 = 16, e sobram 3 unidades.
O quociente dessa divisão é a soma dos quocientes parciais:

30 + 4 = _____

O resto dessa divisão é _____.

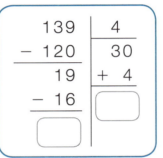

Cálculo com o algoritmo usual

Como a divisão de 1 centena por 4 não resulta em centena, colocamos zero no quociente e dividimos 13 dezenas por 4.

Dividindo 13 dezenas por 4, obtemos 3 dezenas, e resta 1 dezena. 1 dezena e 9 unidades formam 19 unidades.

Dividimos 19 unidades por 4. Obtemos 4 unidades e restam 3 unidades.

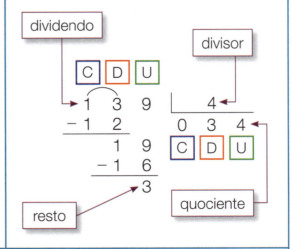

139 ÷ 4 = _____, e restam _____ unidades.

Atividades

1) Indique o quociente e o resto de cada operação.

a) 319 ÷ 5

b) 624 ÷ 7

c) 406 ÷ 4

d) 941 ÷ 8

2) Natália fez alguns cálculos e verificou que 40 ÷ 8 = 5.

Com base nesse resultado, calcule mentalmente o quociente de cada divisão.

a) 80 ÷ 8 = _____

b) 160 ÷ 8 = _____

c) 200 ÷ 8 _____

d) 400 ÷ 8 = _____

3) Leia o cálculo incorreto que Rodrigo fez.

Quero embalar 520 kg de arroz colocando 5 kg em cada saco. Vou precisar de apenas 14 sacos.

a) Por que o cálculo feito por Rodrigo está errado?

b) Qual é a quantidade exata de sacos de que ele precisará para embalar os 520 kg de arroz?

_____

4) Em um condomínio de prédios, há 1020 apartamentos. Esse condomínio é formado por 5 prédios com a mesma quantidade de apartamentos em cada um deles. Quantos apartamentos há em cada prédio?

_____

Divisões com divisor de dois algarismos

Veja duas maneiras de calcular o resultado de 819 dividido por 13 e complete.

Cálculo por meio de tentativas

Quantos 13 cabem em 819?

100 × 13 = 1300 ▶ ultrapassou 819

60 × 13 = 780 ▶ faltaram 39 unidades para 819

Como 3 × 13 = 39, o quociente dessa divisão é igual a 60 + 3 ou _____.

O resto da divisão é igual a _____.

Cálculo com o algoritmo usual

Como a divisão de 8 centenas por 13 não resulta em centena, colocamos zero no quociente e dividimos 81 dezenas por 13.	Dividindo 81 dezenas por 13, obtemos 6 dezenas e restam 3 dezenas. 3 dezenas e 9 unidades formam 39 unidades.	Dividimos 39 unidades por 13. Obtemos 3 unidades e resta 0 unidade.

Rascunho
1 × 13 = 13
2 × 13 = 26
3 × 13 = 39

$$\begin{array}{r}1\\13\\\times\ 6\\\hline 78\end{array}\qquad\begin{array}{r}2\\13\\\times\ 7\\\hline 91\end{array}$$

Portanto: 819 ÷ 13 = _____

Atividades

1 Calcule o quociente e o resto de cada operação.

a) 853 ÷ 24 = _____
   Resto: _____

b) 1 260 ÷ 12 = _____
   Resto: _____

c) 8 064 ÷ 16 = _____
   Resto: _____

d) 1 576 ÷ 25 = _____
   Resto: _____

2 Débora tem uma banca de frutas na feira. Ela quer vender 1 116 laranjas em dúzias.

a) Quantas dúzias serão formadas?

_____

b) Se todas as dúzias de laranjas forem vendidas a R$ 2,00 cada uma, quantos reais Débora obterá?

_____

3 Joaquim colocará 1 044 pêssegos em 18 caixas com a mesma quantidade em cada uma.

a) Quantos pêssegos ele colocará em cada caixa?

_____

b) Quantos pêssegos ele teria de colocar a mais em cada caixa para diminuir a quantidade de caixas para 12?

_____

4 Um grupo de 540 torcedores quer ir de ônibus assistir a uma partida de futebol em outra cidade. Quantos ônibus, no mínimo, serão necessários para levar os torcedores? _____

5 Observe, na tabela ao lado, a quantidade de alunos que estudavam no período da manhã e no período da tarde da Escola Aprender, em 2017. Em seguida, responda às questões.

Quantidade de alunos por período

Período	Quantidade de alunos
Manhã	240
Tarde	300

Fonte: Secretaria da Escola Aprender (dez. 2017).

- Quantas turmas com 30 alunos é possível formar no período da manhã? E no período da tarde?

_____

6 Luís usou exatamente 6 metros de fita adesiva para cobrir todas as arestas de um modelo de cubo.

aresta

a) Qual é o comprimento total de fita adesiva que Luís usou, em centímetro?

_____

b) Se em todas as arestas Luís usou pedaços de fita de mesmo tamanho, qual é o comprimento, em centímetro, de cada aresta desse modelo de cubo?

_____

7 Augusto quer dividir 650 por 50 com uma calculadora, mas ela está com a tecla ÷ quebrada. Registre em seu caderno como ele pode resolver esse cálculo.

8 Resolva as divisões e os problemas propostos nos adesivos 5 a 8 da Ficha 16.

Sequências numéricas

Complete cada sequência numérica de acordo com a regra indicada.

a) Sempre adicionar 5.

| 1 | 6 | 11 | 16 | 21 | | | | | |

b) Sempre subtrair 2.

| 100 | 98 | 96 | 94 | 92 | | | | |

c) Sempre adicionar 11.

| 33 | 44 | 55 | 66 | 77 | | | | |

d) Sempre subtrair 10.

| 1 130 | 1 120 | 1 110 | | | | | |

Atividades

1) Juliano escreveu uma sequência numérica que começava no número 20. Para obter o próximo número, ele adicionou 10 e subtraiu 4. Seguindo essa regra, Juliano obteve a sequência de números abaixo.

| 20 | 26 | 32 | 38 | 44 | 50 | 56 | 62 | 68 | 74 |

Clarice escreveu a sequência numérica abaixo, que também começa no número 20. Para obter o próximo número, ela sempre adicionou 6.

| 20 | 26 | 32 | 38 | 44 | 50 | 56 | 62 | 68 | 74 |

a) Por que, apesar de terem seguido regras diferentes, Juliano e Clarice obtiveram sequências numéricas iguais?

b) Agora é a sua vez. Crie duas regras diferentes que formem sequências numéricas iguais.

_____

_____

_____

_____

sessenta e nove

2 Considere que os três números abaixo representam os três primeiros termos de uma sequência numérica.

a) Crie uma regra de formação para essa sequência numérica e escreva os próximos três termos da sequência.

_____

_____

 b) Compare sua sequência numérica com as dos colegas. Depois, conversem sobre as diferentes sequências e regras que foram criadas.

3 Thaís e Eduardo foram andar de *kart*. O *kart* de Thaís completava uma volta na pista em 2 minutos, e o de Eduardo completava uma volta em 3 minutos. Esses *karts* partiram do início da pista juntos e mantiveram sempre os mesmos tempos em cada volta.

a) Complete os quadros com os instantes em que os *karts* de Thaís e Eduardo passaram pelo início da pista.

Thaís	0	2	4					

Eduardo	0	3						

b) Depois de quantos minutos, após a partida, os *karts* de Thaís e Eduardo passaram juntos pela primeira vez pelo início da pista?

_____

c) Eles passarão juntos novamente, no início da pista, aos 24 minutos? Explique como você pensou para responder a essa questão.

_____

4 A professora Kátia pediu aos alunos que escrevessem uma sequência numérica de acordo com as dicas abaixo.

> **Dicas**
> - O primeiro número da sequência numérica é 568.
> - Na sequência numérica, há sete números.
> - Adicionamos 12 ao primeiro número para obter o segundo número. Essa regra é repetida para encontrar os demais números dessa sequência.

- Analise as sequências numéricas que Joana e Sofia criaram seguindo as dicas que a professora Kátia determinou e identifique a sequência correta.

Fiz a seguinte sequência:
568, 578, 580, 590, 592, 602, 604

A minha sequência é:
568, 580, 592, 604, 616, 628, 640

Joana   Sofia

5 Uma abelha pousou nas flores de alguns vasos.

Imagine que essa abelha continuará pousando em um vaso a cada três vasos que ela percorrer.

a) Sabendo que os vasos são numerados com uma sequência crescente, qual será o número do próximo vaso em que ela pousará após ter pousado no vaso 12?

b) Em qual destes três vasos a abelha pousará: no de número 36, 37 ou 38?

c) Outra abelha percorre esses mesmos vasos. Ela pousa em um vaso a cada quatro que ela percorre. O 1º vaso em que ela pousou foi o de número 0. Qual será o número do 10º vaso em que ela pousará?

setenta e um

Vamos jogar?

Abelhudo

Material: Marcadores da Ficha 1, dados da Ficha 2 e tabuleiro A.

Jogadores: 2 ou 4 (2 duplas).

Regras:

- Cada jogador (ou dupla) escolhe uma das cores de ficha (azul ou vermelha); então, sorteia-se quem vai começar.

- Os jogadores (ou duplas), alternadamente, lançam os dois dados e usam qualquer uma das operações (adição, subtração, multiplicação ou divisão) entre os números que saíram. Por exemplo, se saírem os números 8 e 2, podem fazer: 8 + 2 = 10, 8 − 2 = 6, 8 × 2 = 16 ou, ainda, 8 ÷ 2 = 4.

- Depois de fazer a operação desejada, o jogador (ou dupla) deve colocar uma ficha na casa do tabuleiro que apresenta o resultado da operação feita.

- Em cada casa do tabuleiro, só pode ser colocada uma ficha. Se a casa ou as casas do tabuleiro que correspondem ao resultado da operação escolhida já estiverem ocupadas, passa-se a vez.

- Ganha o primeiro que conseguir traçar um caminho no tabuleiro até o lado do jogador oponente com as fichas da mesma cor sobre as casas numeradas.

Dica: Monte o envelope da Ficha 3 para guardar as peças dos jogos.

Veja se entendeu

Um jogador quer ocupar a casa **15** em sua jogada. Ele tirou **4** no dado. Ele poderá ocupar a casa desejada nessa jogada? Por quê?

_____
_____
_____
_____

Depois de jogar

1 Qual é a casa com maior número no tabuleiro? Escreva duas operações cujo resultado seja igual a esse número.

_____

2 Se no tabuleiro houvesse uma casa com o número 81, quais números deveriam sair e qual operação deveria ser realizada para obter esse número?

_____

3 Complete a frase: É sempre possível obter o número zero quando...

_____
_____

4 Observe a situação de jogo abaixo.

- O próximo a jogar é a jogadora com as peças azuis. Se ela tirou um 2, que outro número ela precisa obter para vencer o jogo nessa rodada? Que operação ela poderá usar?

_____
_____
_____

setenta e três 73

Pratique mais

1 Calcule.

a) 84
    $\times 12$

b) 76
    $\times 26$

c) 395
    $\times28$

d) 2563
    $\times25$

e) $4372 \div 31$

f) $7562 \div 19$

g) $2366 \div 14$

h) $3900 \div 13$

2 Analise as igualdades abaixo e identifique, marcando com um **X**, quais são as verdadeiras.

☐ $40 \times 35 = 30 \times 45$

☐ $10 \times 80 \times 5 = 10 \times 400$

☐ $7 \times 8 \times 9 = 56 \times 9$

☐ $190 \times 1 = 1 \times 190$

3 Complete o texto a seguir, tornando-o um problema que possa ser resolvido por meio de uma multiplicação.

Firmino comprou um _____
e vai pagá-lo em _____ parcelas de _____ reais.

Pergunta: _____
_____?

Resposta: _____

• Depois, troque de livro com um colega para que ele resolva o problema que você elaborou.

4 Marque com um **X** a resposta correta.

Qual multiplicação representa a quantidade de janelas que você vê nestes prédios?

a) ☐ 3 × (4 × 6)

b) ☐ 2 × (6 × 4)

c) ☐ 6 × (6 × 4)

d) ☐ 2 × (2 × 6)

5 Em uma fábrica de tijolos, uma única máquina produz 352 tijolos por hora. Em 6 horas, quantos tijolos serão produzidos por quatro máquinas iguais a essa?

Quatro máquinas produzirão _____ tijolos no período de 6 horas.

6 Observe como Elisa fez a divisão de 126 por 8.

Dividi 126 por 8 e obtive quociente igual a 15 e resto 6.

Para saber se a divisão estava certa, fiz 8 vezes 15 e adicionei ao resultado o resto da divisão. Como o resultado foi igual a 126, a divisão está certa.

- Agora, calcule o quociente e o resto da divisão 1 548 ÷ 21. Depois, verifique se os cálculos estão certos.

setenta e cinco 75

Compreender problemas

Para resolver

Problema 1

Enzo brincou uma vez na barraca de argolas da festa junina de sua escola. Nessa brincadeira, há duas cores de argola: as amarelas, que valem 2 pontos, e as azuis, que valem 3 pontos.

- Enzo fez 24 pontos no total. Sabendo que ele acertou argolas das duas cores e que 6 do total eram amarelas, descubra quantas argolas azuis ele acertou para fazer os 24 pontos.

Problema 2

Viviane e Lara tinham uma quantia em dinheiro, mas nenhuma tinha mais de 10 reais. Leia o diálogo delas com atenção e descubra quantos reais tinha cada uma das amigas.

Viviane tinha _____ reais, e Lara, _____ reais.

Para refletir

1 Observe os cálculos que Pedro e Bianca fizeram para resolver o *Problema 1*.

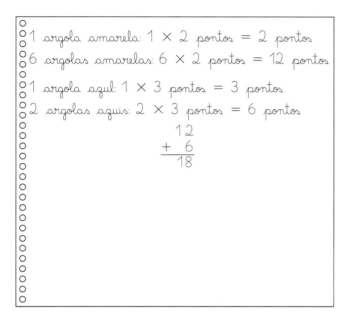

Cálculos de Pedro:
1 argola amarela: 1 × 2 pontos = 2 pontos
6 argolas amarelas: 6 × 2 pontos = 12 pontos
1 argola azul: 1 × 3 pontos = 3 pontos
2 argolas azuis: 2 × 3 pontos = 6 pontos
12 + 6 = 18

Cálculos de Bianca:
1 argola amarela: 1 × 2 pontos = 2 pontos
6 argolas amarelas: 6 × 2 pontos = 12 pontos
24 − 12 = 12
Todas as argolas azuis somam 12 pontos.
Então,

- Agora, descubra a estratégia de cada um para resolver o problema. Depois, complete os cálculos de cada aluno até chegar à quantidade de argolas azuis.

2 Sobre o *Problema 2*, marque com um **X** a única frase correta.

a) ☐ Juntas, Viviane e Lara têm 10 reais.

b) ☐ Viviane tem 1 real a menos que Lara.

c) ☐ Lara tem o dobro da quantia de Vivane.

d) ☐ Lara tem 5 reais.

3 Laís e Augusto deram respostas erradas para o *Problema 2*. Explique por que cada uma das respostas está errada.

Laís: Viviane tem 10 reais e Lara tem 11 reais.

Augusto: Viviane tem 2 reais e Lara tem 4 reais.

setenta e sete 77

Cálculo mental

1 Daniel deseja calcular mentalmente 5 361 + 1 421. Para isso, ele decide usar a reta numérica. Veja o raciocínio de Daniel.

Eu localizo 5 361 em uma reta. Em seguida, penso no número 1 421 decompondo-o em 1 000, 400, 20 e 1. Assim, posso dar "saltos para a frente" na reta de 1 000, 400, 20 e 1, somando a quantidade de cada salto com o valor que eu tinha anteriormente. Veja!

5 361 + 1 421 = _____

- Agora, faça como Daniel e calcule mentalmente as adições abaixo.

a) 680 + 54 = _____

b) 324 + 673 = _____

c) 703 + 145 = _____

d) 2 163 + 231 = _____

e) 4 124 + 321 = _____

f) 5 636 + 1 355 = _____

2 Íris deseja calcular mentalmente 3 149 − 1 672. Para isso, ela decide usar a reta numérica. Veja o raciocínio de Íris.

Eu localizo 3 149 em uma reta. Em seguida, penso no número 1 672 decompondo-o em 1 000, 600, 70 e 2. Assim, eu posso dar "saltos para trás" na reta de 1 000, 600, 70 e 2, diminuindo essas quantidades do valor que eu tinha anteriormente. Veja!

3 149 − 1 672 = _____

- Agora, faça como Íris e calcule mentalmente as subtrações abaixo.

a) 768 − 426 = _____

b) 760 − 590 = _____

c) 635 − 273 = _____

d) 4 000 − 350 = _____

e) 4 255 − 1 134 = _____

f) 3 160 − 1 125 = _____

3 Lucas deseja calcular mentalmente o resultado de 5 × 23. Veja o raciocínio de Lucas.

Primeiro, eu decomponho o número 23 em dezenas e unidades, como 20 + 3. Depois, multiplico pelo outro fator, assim:
5 × 20 = 100
5 × 3 = 15
E, então, adiciono os produtos obtidos para encontrar o resultado 115.

• Faça como Lucas e calcule o resultado das multiplicações a seguir.

a) 5 × 18 = _____

b) 4 × 45 = _____

c) 6 × 72 = _____

d) 7 × 53 = _____

e) 3 × 48 = _____

f) 5 × 32 = _____

• Agora, pense em uma estratégia para calcular mentalmente estas multiplicações.

a) 50 × 18 = _____

b) 40 × 45 = _____

c) 50 × 24 = _____

d) 200 × 45 = _____

e) 800 × 35 = _____

f) 900 × 21 = _____

4 Janete deseja estimar mentalmente o resultado de 324 ÷ 39. Veja o raciocínio de Janete.

Primeiro, eu arredondo o dividendo, 39, para a dezena mais próxima, 40. Depois, procuro um número que multiplicado por 40 se aproxime de 324. Encontro
8 × 40 = 320
9 × 40 = 360
Então, concluo que 324 ÷ 39 é aproximadamente 8.

• Faça como Janete e estime o resultado aproximado das divisões a seguir.

a) 413 ÷ 48 = _____

b) 513 ÷ 53 = _____

c) 272 ÷ 67 = _____

d) 568 ÷ 71 = _____

e) 625 ÷ 89 = _____

f) 715 ÷ 69 = _____

setenta e nove

O que você aprendeu

Jogo
Propriedades das operações

1 Na escola de Pâmela, estudam 745 alunos de manhã. À tarde, estudam 230 alunos a mais que de manhã. Quantos alunos estudam ao todo nessa escola?

a) ☐ 1 260
b) ☐ 1 720
c) ☐ 1 800
d) ☐ 975

2 Ao adicionarmos um número qualquer com o número zero, o resultado é o mesmo número. Por isso, dizemos que o número zero é:

a) ☐ o elemento associativo da adição.
b) ☐ o elemento neutro da adição.
c) ☐ o elemento-chave da adição.
d) ☐ o elemento distributivo da adição.

3 Para um *show* de música, foram vendidos 2 563 ingressos. Se cada ingresso custou R$ 24,00, qual foi a quantia arrecadada com a venda dos ingressos?

a) ☐ R$ 2 587,00
b) ☐ R$ 15 378,00
c) ☐ R$ 61 412,00
d) ☐ R$ 61 512,00

4 Carlos cultiva batata e beterraba em sua chácara. De acordo com o quadro a seguir, quantos quilogramas de batata e beterraba ele colheu no mês de outubro?

Mês	Quilogramas de batata	Quilogramas de beterraba
Outubro		
Novembro	1 248	974
Total	2 076	1 762

a) ☐ 828 kg de batata e 788 kg de beterraba.
b) ☐ 808 kg de batata e 680 kg de beterraba.
c) ☐ 828 kg de batata e 724 kg de beterraba.
d) ☐ 817 kg de batata e 788 kg de beterraba.

5 A balança mostrada a seguir está em equilíbrio. Quantos gramas tem o livro?

a) ☐ 180 g
b) ☐ 220 g
c) ☐ 200 g
d) ☐ 270 g

6) Irene passou em frente a uma empresa e viu a placa abaixo. A quantidade de dias sem acidentes de trabalho nessa empresa corresponde a quantos meses completos de 30 dias?

a) ☐ 8
b) ☐ 6
c) ☐ 16
d) ☐ 30

7) Mônica comprou em 15 prestações iguais uma TV que custa R$ 1 275,00. Qual é o valor de cada prestação?

a) ☐ R$ 75,00
b) ☐ R$ 80,00
c) ☐ R$ 100,00
d) ☐ R$ 85,00

8) Sílvia convidou 12 pessoas para uma festa. Ela estimou que cada pessoa bebe 3 copos de suco. Sabendo que 1 garrafa de suco serve 4 copos, quantas garrafas ela deve comprar?

a) ☐ 8
b) ☐ 9
c) ☐ 10
d) ☐ 11

Quebra-cuca

Três amigos saíram juntos para acampar. Eles precisam atravessar um rio com um barco que suporta, no máximo, 140 kg de carga. Os amigos têm 50 kg, 80 kg e 100 kg. Como eles podem fazer a travessia na menor quantidade de viagens? Lembre-se de que o barco precisa de pelo menos 1 pessoa para levá-lo de uma margem à outra.

oitenta e um

UNIDADE 3 — Geometria

Para começar...

Beatriz, Marcos, Roberto e Vanessa estão passando o dia em um parque.

- Que objetos desta cena se parecem com figuras geométricas não planas?

Para refletir...

O teatro desse parque, representado ao fundo, tem a forma de uma pirâmide de base quadrada.

- Ao comprar um ingresso, os visitantes do teatro recebem a planificação de um modelo desse teatro em miniatura. Quais figuras planas formam essa planificação?

Ampliando os conceitos

Poliedros e corpos redondos

Observe as figuras e leia o texto. Depois, responda às questões.

Algumas dessas figuras são **arredondadas**. É o caso da esfera, do cone e do cilindro, que são exemplos de figuras chamadas **corpos redondos**.

Outras figuras são **não arredondadas**. É o caso do cubo, da pirâmide de base pentagonal, do paralelepípedo e do prisma de base triangular, que são exemplos de figuras chamadas **poliedros**, que significam "muitas faces".

a) O que há de parecido nos poliedros? E de diferente?

b) O que há de parecido nos corpos redondos? E de diferente?

Atividades

1. Qual é a figura "intrometida" em cada caso? Marque-a com um **X**.

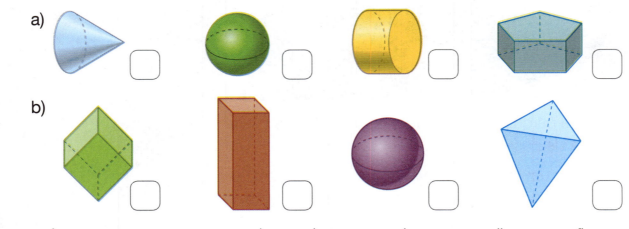

- Agora, converse com um colega sobre o que o levou a escolher essas figuras.

2 Rodrigo tem alguns modelos de figuras geométricas planas representados com cartolina e alguns modelos de figuras geométricas não planas feitos de acrílico.

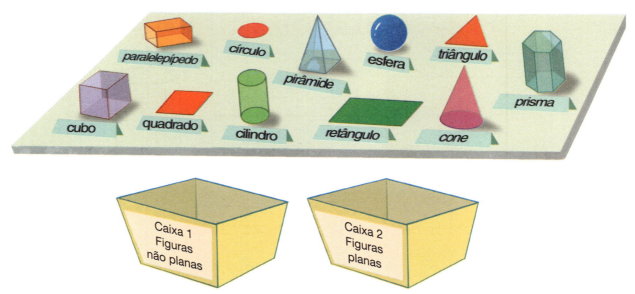

a) Ajude Rodrigo a colocar os modelos na caixa certa, marcando com um **X** os modelos que devem ir para a *Caixa 1* e contornando os que devem ir para a *Caixa 2*.

b) Rodrigo quer separar os modelos da *Caixa 1* em dois grupos para organizá-los melhor. Como você acha que ele deveria separar esses modelos? Converse com seus colegas sobre isso.

3 Nos quadros abaixo, desenhe ou escreva o nome de objetos que lembram a figura geométrica indicada.

a) Corpos redondos

Esfera	Cone	Cilindro

b) Poliedros

Paralelepípedo	Prisma de base hexagonal	Pirâmide

oitenta e cinco

Planificação de superfícies

Observe a representação da planificação abaixo e da figura geométrica não plana obtida a partir dela.

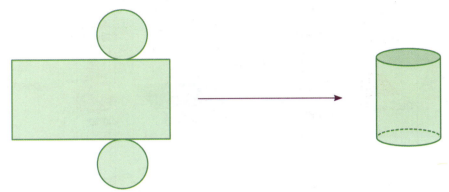

- Agora, escreva o nome das figuras geométricas não planas que podemos obter com cada planificação representada a seguir.

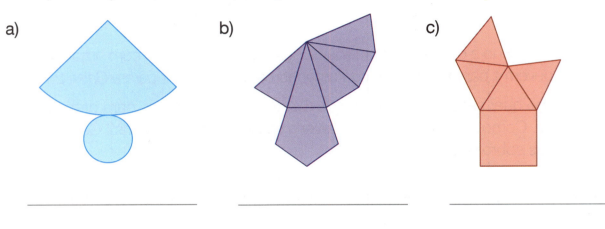

a) _____

b) _____

c) _____

Atividades

1 Osvaldo é carpinteiro e quer organizar os pregos que usa em seus trabalhos de acordo com o tamanho.

Para isso, ele quer guardar os pregos em várias caixas cúbicas iguais que serão encaixadas em sua maleta de materiais.

a) Observe as planificações abaixo e marque com um **X** qual delas Osvaldo deve escolher como molde para fazer as caixas cúbicas.

b) Converse com o professor e os colegas sobre os moldes que não devem ser escolhidos por Osvaldo. Por que esses moldes não formam uma caixa cúbica?

2 Rubens vai montar 4 modelos de poliedros utilizando recortes de papelão e fita adesiva. Contorne os recortes que ele deverá utilizar para montar cada modelo.

Poliedro	A	B	C	D	E	F	G	H
cubo	quadrado	quadrado	triângulo	triângulo	retângulo	quadrado	quadrado	retângulo
cubo menor	quadrado	quadrado	quadrado	retângulo	quadrado	quadrado	quadrado	quadrado
pirâmide	triângulo	triângulo	triângulo	retângulo	retângulo	triângulo	círculo	quadrado
prisma hexagonal	retângulo	retângulo	retângulo	hexágono	retângulo	retângulo	hexágono	retângulo

3 Abaixo, foi representado um dado em três posições diferentes.

- Entre as figuras a seguir, marque com um **X** a que representa a planificação desse dado.

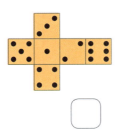 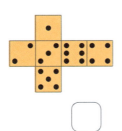 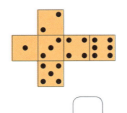 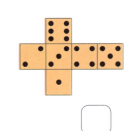

☐ ☐ ☐ ☐

4 Observe as planificações a seguir.

a) 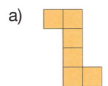   b)    c) 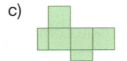   d)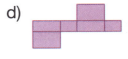

a) Reproduza essas representações de planificações, em tamanho maior, em uma folha de papel mais firme, como cartolina, recorte-as e tente montar modelos de poliedros.

b) Indique as alterações que devem ser feitas nas representações das planificações em que não foi possível montar modelos de poliedros de modo que seja possível montar algum modelo.

Mais poliedros

Analise os poliedros e, depois, complete o quadro com as informações correspondentes.

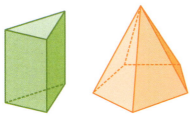

Poliedro	Número de vértices	Número de faces	Número de arestas
Prisma de base hexagonal			
Cubo			
Prisma de base triangular			
Pirâmide de base pentagonal			

Atividades

1 Durante a aula de Geometria, Júlia aprendeu uma regularidade presente nos poliedros.

> A professora nos ensinou que, em um poliedro qualquer, o número de vértices mais o número de faces é igual ao número de arestas mais 2.

- Agora que você também já sabe essa informação, descubra o número de arestas de cada figura a seguir.

  a) Poliedro com 8 vértices e 8 faces ▸ _____

  b) Poliedro com 8 vértices e 6 faces ▸ _____

  c) Poliedro com 14 vértices e 8 faces ▸ _____

2 Considere uma pirâmide com 10 arestas. Indique o polígono da base dessa pirâmide, o número de vértices e o número de faces. Depois, represente-a no espaço ao lado.

Polígono da base ▸ _____

Número de vértices ▸ _____

Número de faces ▸ _____

3 Leia o que Fernando está falando e faça o que se pede.

- Marque com um **X** a figura em que Fernando pensou.

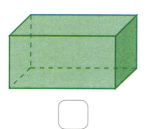   

4 Dois canudinhos foram colados em uma caixa que lembra um paralelepípedo, como mostrado na figura ao lado.

a) Desenhe, em uma das arestas da face amarela, um canudinho para que ele fique paralelo ao canudinho vermelho.

b) Desenhe, em uma das arestas da face verde, um canudinho para que ele fique paralelo ao canudinho azul.

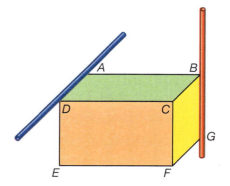

5 Observe os prismas e responda às questões.

a) Quais polígonos correspondem às faces dos prismas ao lado?

_____

_____

b) Quantos de cada um desses polígonos há ao todo?

_____

_____

 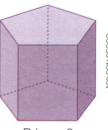

Prisma 1   Prisma 2

Vamos jogar?

NIM

PARA JOGAR MUITAS VEZES

Material: Peças da Ficha 4.

Jogadores: 2

Regras:

- Dispor as 15 peças sobre a mesa, uma ao lado da outra, como mostra a ilustração.

- Os jogadores decidem quem começará o jogo e jogam alternadamente.

- Na sua vez, o jogador pode fazer as seguintes jogadas:

Retirar 1 peça

ou

Retirar 2 peças

ou

Retirar 3 peças

- O vencedor será o jogador que deixar a última peça da mesa para o colega.

Veja se entendeu

Agora é a vez de Rebeca jogar.

- Quantas peças ela deve retirar para vencer a partida?

Lucas Rebeca

Depois de jogar

1 Um jogador observa que, na vez dele, há 4 peças sobre a mesa. Quantas peças ele precisará retirar para ganhar o jogo? _____

2 Observe a situação do jogo na ilustração a seguir. Lucas é o próximo a fazer uma jogada. Por que Rebeca já está comemorando a vitória?

_____

_____

_____

_____

_____

_____

3 Em determinado momento de uma partida do jogo, há 9 peças sobre a mesa. Veja a estratégia que Nicole pensou e que lhe garantirá a vitória.

Separo mentalmente 1 peça para o outro jogador retirar no final e perder a partida. Depois, agrupo mentalmente as outras 8 peças em 2 grupos com 4 peças cada um. Para cada um desses grupos, se ele retirar 1 peça, eu retirarei 3 peças; se ele retirar 2 peças, eu também retirarei 2 peças, e assim por diante.

• Se o outro jogador retirar 3 peças em cada um dos 2 grupos, quantas peças Nicole deverá retirar em cada grupo para vencer a partida? _____

TEMA 2 — Ângulos e polígonos

Medida de ângulo

- Observe a abertura de cada um dos ângulos representados.

Esses ângulos têm aberturas diferentes. Quanto maior a abertura de um ângulo, maior é sua medida.

O ângulo destacado na cor _____ é o de maior medida.

> Para medir um ângulo, é preciso medir sua abertura. Cada abertura está associada a uma medida em grau.

- Veja como Adriana determinou a medida do ângulo em destaque. Depois, responda.

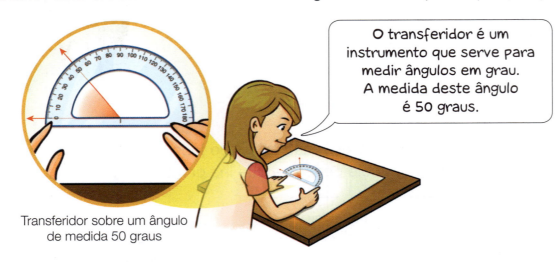

O transferidor é um instrumento que serve para medir ângulos em grau. A medida deste ângulo é 50 graus.

Transferidor sobre um ângulo de medida 50 graus

- Qual é a medida de cada um destes ângulos em destaque?

A medida deste ângulo é _____ graus.

A medida deste ângulo é _____ graus.

A medida deste ângulo é _____ graus.

Atividades

1 Observe o transferidor ao lado e complete o quadro.

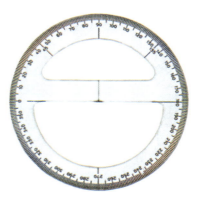

Giro	Medida do ângulo em grau
Volta completa	
Meia-volta	
Um quarto de volta	

2 Observe os ângulos e estime a medida de cada um deles.

a) 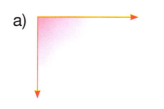   b) 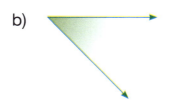   c)

_____   _____   _____

3 De acordo com as orientações a seguir, desenhe o caminho que o ratinho seguiu sobre as linhas da malha, até encontrar o queijo.

Caminho seguido pelo ratinho
- Andou 1 lado de quadrinho à frente.
- Girou 90 graus para a direita e andou 3 lados de quadrinho à frente.
- Girou 90 graus para a esquerda e andou 1 lado de quadrinho à frente, encontrando o queijo.

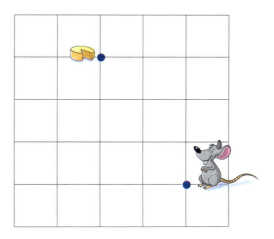

noventa e três 93

Classificando ângulos

- Observe os ângulos destacados no retângulo.

Cada um dos ângulos destacados no retângulo é chamado de **ângulo reto**.

Observe o transferidor e responda: Qual é a medida do ângulo reto?

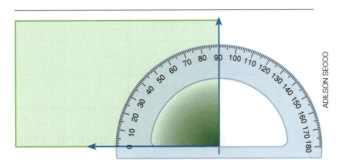

- Agora, observe os ângulos que Roberta representou com canudinhos e responda.

Esse ângulo tem abertura maior ou menor que a do ângulo reto?

Esse ângulo tem abertura maior ou menor que a do ângulo reto?

Qual é a medida desse ângulo que Roberta representou?

Ângulo reto	Ângulo agudo	Ângulo obtuso	Ângulo raso
Mede 90 graus.	Mede mais de zero grau e menos de 90 graus.	Mede mais de 90 graus e menos de 180 graus.	Mede 180 graus.

Atividades

1 Classifique cada um dos ângulos em agudo, reto, raso ou obtuso.

a)   b)    c)   d)

_____   _____   _____   _____

2 Pinte de azul os ângulos agudos, de verde os ângulos retos e de vermelho os ângulos obtusos.

a)    b)    c)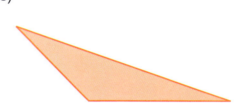

3 Escreva a quantidade de ângulos agudos, retos e obtusos que foram destacados em cada figura.

a)    b)    c)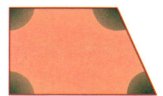

_____   _____   _____

4 Se a linha verde permanecer onde está e a linha laranja girar 10 graus à sua direita, qual passará a ser a medida do ângulo entre essas duas linhas?

_____

Atividade interativa
Medindo ângulos

noventa e cinco 95

Compreender informações

Ler e interpretar gráficos de linha

1 Clóvis é dono de uma loja que vende modelos de poliedros para escolas. Veja o **gráfico de linha** que ele construiu para mostrar a quantidade de modelos vendidos a cada mês de 2017.

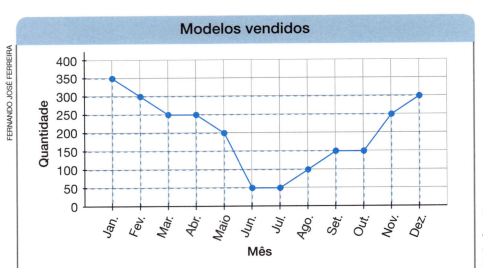

Modelos vendidos

Fonte: Administração da loja de Clóvis, jan. 2018.

a) Em qual mês Clóvis vendeu mais modelos? _____

b) E em quais meses ele vendeu menos? _____

c) Complete os quadros com os dados do gráfico.

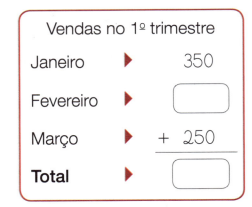

d) Sabendo que, no 1º trimestre, Clóvis vendeu apenas modelos de cubos e, no 2º trimestre, apenas modelos de pirâmides, quantos modelos de cubos e de pirâmides foram vendidos no 1º semestre? _____

e) Quantos modelos foram vendidos no 1º semestre? _____

2 José fez um gráfico para mostrar a movimentação na primeira semana de fevereiro de 2018, em seu lava-rápido. Veja ao lado.

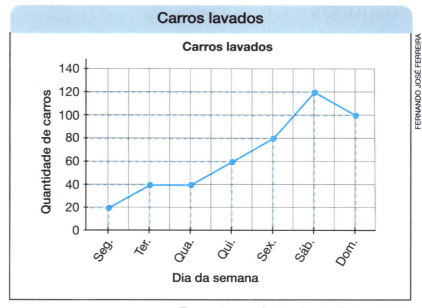

Ele deseja fazer uma promoção para ter 20 lavagens a mais por dia nas segundas, terças e quartas-feiras. Nesses dias, José cobrará apenas 8 reais por lavagem.

Fonte: Lava-rápido de José, fev. 2018.

a) Faça, no caderno, dois quadros: um que mostre o ganho diário atual (com preço de 10 reais cada lavagem) nesses três dias; e outro que mostre o ganho diário previsto com a promoção de 8 reais cada lavagem.

b) Com a promoção, qual é o aumento, em reais, esperado nos ganhos de segunda a quarta-feira? _____

c) Se José fizesse a promoção apenas no fim de semana, qual seria o ganho diário previsto nos fins de semana? _____

d) Reúna-se com um colega para descobrir o que é mais vantajoso: fazer a promoção de segunda a quarta-feira ou no fim de semana? Depois, no caderno, escrevam um texto com a conclusão a que chegaram.

3 Laís fez 4 avaliações de Geometria, cada uma com 10 questões. Veja no quadro abaixo o total de acertos de Laís em cada uma dessas avaliações.

1ª avaliação	2ª avaliação	3ª avaliação	4ª avaliação
sobre poliedros e corpos redondos	sobre giros e ângulos	sobre polígonos e seus elementos	sobre ampliação e redução de figuras
5 acertos	5 acertos	8 acertos	10 acertos

a) Faça, em papel quadriculado, um gráfico que mostre o desempenho de Laís.

b) Converse com um colega sobre esse gráfico e, no caderno, escreva uma conclusão sobre o desempenho de Laís: ela melhorou ou piorou seus conhecimentos de Geometria? Em qual tema ela teve melhor desempenho?

noventa e sete

Polígonos

Leia o diálogo a seguir e faça o que se pede.

Polígono é uma figura plana fechada cujo contorno pode ser traçado com uma régua.

E os trechos desse contorno não se cruzam.

a) Indique com a letra P as figuras que são polígonos.

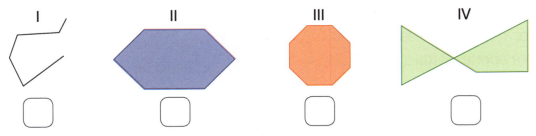

I II III IV

b) Agora, em uma folha de papel, faça uma composição com diferentes desenhos de polígonos.

Atividades

1) Vinícius comprou um brinquedo de encaixar peças para sua filha.

No brinquedo, há uma base na qual a criança deve encaixar 5 peças. Veja as peças desse brinquedo e, depois, responda às questões.

1 2 3 4 5

a) Em qual das bases é possível encaixar todas as 5 peças? _____

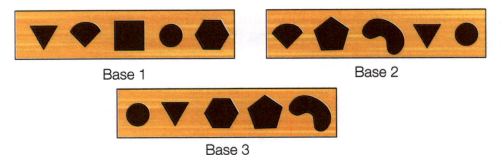

Base 1 Base 2

Base 3

b) Quais dessas peças têm um encaixe que lembra o contorno de um polígono? Quais são esses polígonos? _____

98 noventa e oito

2 Observe a representação de um polígono e algumas de suas partes destacadas. Depois, preencha o quadro com as informações correspondentes.

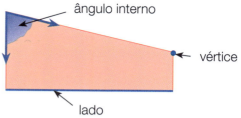

Polígono	Número de lados	Número de vértices	Número de ângulos internos
	3	3	

- Que regularidade podemos observar entre os números nesse quadro?

_____

_____

_____

3 Leia o que Renato está dizendo.

Quando um polígono tem todos os lados de mesma medida e todos os ângulos internos de mesma medida, ele é chamado de **polígono regular**. Veja dois exemplos.

- Agora, marque com um **X** qual das figuras a seguir representa um polígono regular.

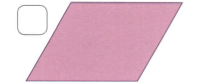   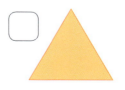

noventa e nove 99

Triângulos

- Otávio e João brincavam de representar triângulos com palitos. Observe os ângulos destacados e complete.

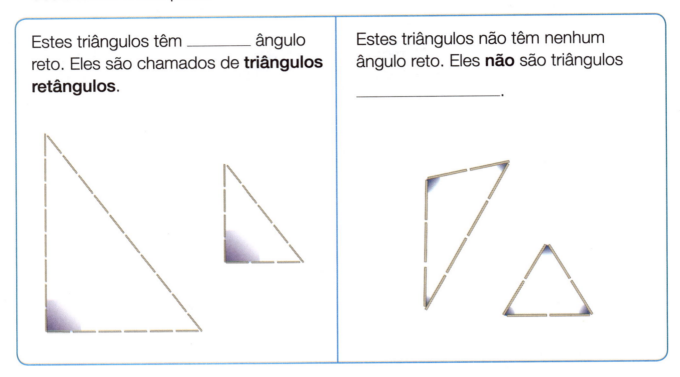

Estes triângulos têm _____ ângulo reto. Eles são chamados de **triângulos retângulos**.

Estes triângulos não têm nenhum ângulo reto. Eles **não** são triângulos _____.

- Larissa, Michele e Míriam viram os meninos com os palitos e também entraram na brincadeira. Agora, observe os lados dos triângulos e complete.

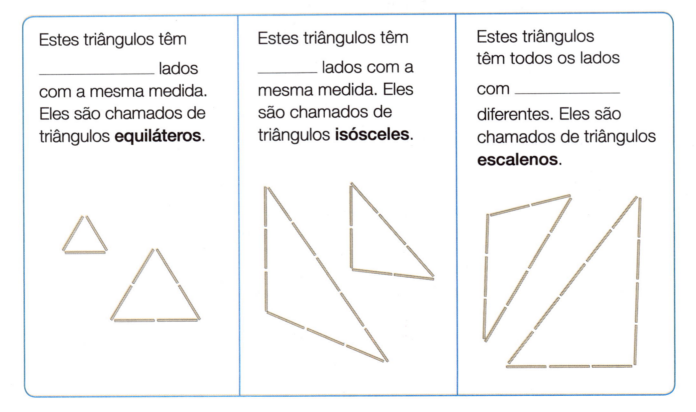

Estes triângulos têm _____ lados com a mesma medida. Eles são chamados de triângulos **equiláteros**.

Estes triângulos têm _____ lados com a mesma medida. Eles são chamados de triângulos **isósceles**.

Estes triângulos têm todos os lados com _____ diferentes. Eles são chamados de triângulos **escalenos**.

Atividades

1 Meça os lados dos triângulos representados e classifique cada um deles em equilátero, isósceles ou escaleno.

_____   _____   _____   _____

- Agora, faça o que se pede.

   a) Qual triângulo tem um ângulo reto? Descubra sobrepondo o canto de uma folha de papel sulfite a cada um dos ângulos internos. _____

   b) Qual deles é triângulo retângulo? _____

2 Observe as 7 peças de um *Tangram* e responda.

a) Quantas peças triangulares há nesse quebra-cabeça?

_____

b) Há triângulos retângulos representados no *Tangram*? Se há, quantos são eles?

_____

c) Os triângulos representados no *Tangram* são equiláteros, isósceles ou escalenos? Use uma régua para ajudá-lo.

_____

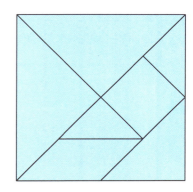

3 Observe a figura a seguir e, depois, responda.

- Quantos triângulos equiláteros estão representados na figura? _____

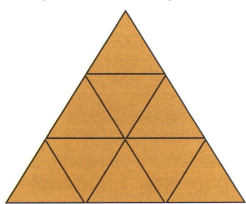

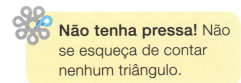

Não tenha pressa! Não se esqueça de contar nenhum triângulo.

cento e um 101

Quadriláteros

Observe os polígonos dos painéis que Sara fez. Depois, complete as frases com números.

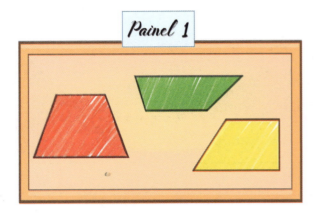
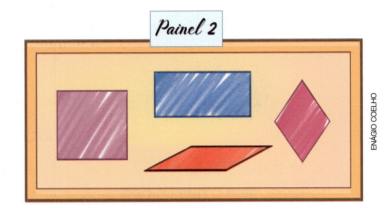

Todos esses polígonos têm _____ lados. Por isso são chamados de **quadriláteros**.

No *Painel 1*, há _____ quadriláteros, e eles têm apenas ___1___ par de lados paralelos. Esses quadriláteros são chamados de **trapézios**.

No *Painel 2*, há _____ quadriláteros, e eles têm _____ pares de lados paralelos. Esses quadriláteros são chamados de **paralelogramos**.

Classificação dos paralelogramos

Alguns paralelogramos recebem nomes especiais. Observe e complete.

O **retângulo** é um paralelogramo que tem os _____ ângulos retos.

O **losango** é um paralelogramo que tem os _____ lados com a mesma medida.

O **quadrado** é um paralelogramo que tem os _____ ângulos retos e os _____ lados com a mesma medida.

Agora, responda: Todo quadrilátero é um paralelogramo? Justifique.

_____

_____

Atividades

1 Ivo entrou no pátio, representado na figura quadriculada ao lado, no local onde está o ponto A, em vermelho. Depois, seguiu o trajeto indicado pelas setas.

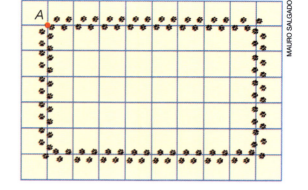

a) O caminho que Ivo fez lembra o contorno de qual figura geométrica? _____

b) Modifique o trajeto de Ivo para que ele lembre o contorno de um quadrado. Registre-o com setas.

2 Responda às questões.

a) Quais são os paralelogramos que têm os 4 ângulos retos?
_____

b) Quais são os paralelogramos que têm os 4 lados com a mesma medida?
_____

3 Leia o que Margarida está dizendo e responda às questões.

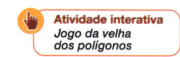
Atividade interativa
Jogo da velha dos polígonos

A figura que desenhei é um paralelogramo. Todos os lados dessa figura têm a mesma medida. Ela não tem ângulos retos.

a) A figura que Margarida desenhou é um quadrilátero? _____

b) Essa figura pode ser um retângulo? Justifique. _____
_____

c) Essa figura pode ser um quadrado? Por quê? _____
_____

d) Qual foi a figura que Margarida desenhou? _____

cento e três **103**

4 Sandra separou os quadriláteros em três grupos. Observe e responda às questões.

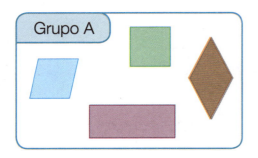
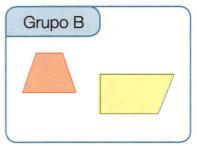
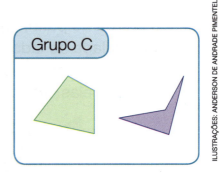

a) Em que grupo cada quadrilátero tem dois pares de lados paralelos?

_____

b) Em que grupo cada quadrilátero tem apenas um par de lados paralelos?

_____

c) No Grupo C, cada polígono tem quantos pares de lados paralelos?

_____

5 Representações de paralelogramos são frequentes em objetos e construções do nosso dia a dia.

Neste prédio, identificamos janelas que lembram um **retângulo**.

Janelas retangulares em construção alemã. Alemanha, 2011.

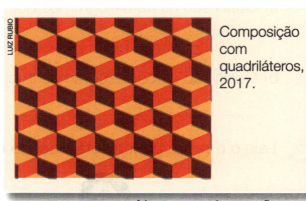

Composição com quadriláteros, 2017.

Neste mosaico, as figuras laranja são **losangos**.

Placa indicando travessia em área escolar, São Paulo - SP, fev. 2017.

A placa de área escolar lembra um **quadrado**.

• Reúna-se com um colega e conversem sobre como vocês poderiam descrever esses paralelogramos para uma pessoa que não os conheça. Dica: observem os lados e os ângulos dessas figuras.

104 cento e quatro

TEMA 3. Representações

Desenhando polígonos

Veja como Joaquim iniciou o desenho de um quadrado em uma malha quadriculada com o auxílio de uma régua.

> Primeiro, ele desenhou um segmento de reta de medida igual à soma das medidas dos lados de três quadrinhos.

> Depois, desenhou um outro segmento, de mesma medida. Para formar o ângulo reto, considerei o ângulo interno de um quadrinho da malha.

- Desenhe na malha quadriculada a seguir um quadrado como o de Joaquim.

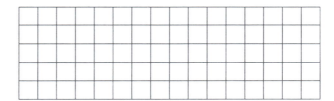

Atividades

 1 Na malha quadriculada a seguir, represente um retângulo, um trapézio, um triângulo escaleno e um pentágono.

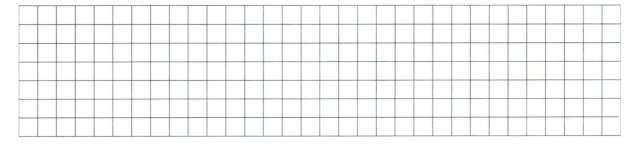

a) Entre os polígonos que você desenhou, quais têm lados paralelos?

_____

 b) Como os lados dos quadrinhos da malha quadriculada auxiliam na construção dos lados paralelos desses polígonos? Converse com o professor e os colegas.

cento e cinco 105

2 Observe as representações que Lia fez usando régua e esquadro e faça o que se pede.

a) Primeiro ela traçou duas retas perpendiculares.

Primeiro eu tracei uma reta *r*.

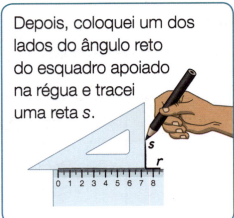

Depois, coloquei um dos lados do ângulo reto do esquadro apoiado na régua e tracei uma reta *s*.

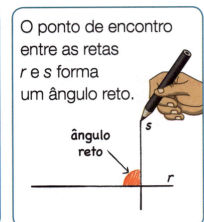

O ponto de encontro entre as retas *r* e *s* forma um ângulo reto.

ângulo reto

- No caderno, trace uma reta *r* e, depois, construa uma reta *s* perpendicular a ela com o auxílio de esquadro e régua.

b) Depois, Lia construiu um triângulo retângulo.

Marquei 5 cm na reta *r* e tracei um segmento.

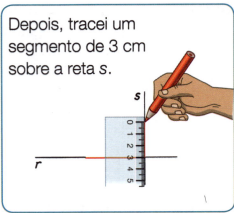

Depois, tracei um segmento de 3 cm sobre a reta *s*.

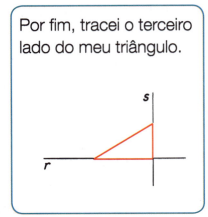

Por fim, tracei o terceiro lado do meu triângulo.

- No caderno, trace um triângulo retângulo de lados medindo 4 cm e 6 cm.

c) Após traçar as retas *r* e *s*, perpendiculares, explique como você faria para construir um quadrado com lados apoiados nessas retas. Converse com o professor e os colegas e registre sua explicação a seguir.

_____

_____

_____

_____

3 A professora de Lúcia propôs a seguinte atividade a seus alunos.

> • Desenhe em uma malha quadriculada um triângulo isósceles e um triângulo retângulo.
>
> • Desenhe, utilizando um *software* de geometria dinâmica, triângulos com as mesmas características dos triângulos desenhados na malha.

a) Para representar os triângulos na malha quadriculada, Lúcia utilizou os quadrinhos da malha como referência para as medidas dos lados e dos ângulos.

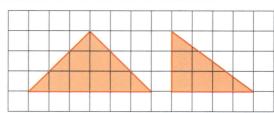

Os triângulos que Lúcia representou estão de acordo com o pedido da professora? Justifique sua resposta.

_____

_____

_____

_____

b) No *software*, Lúcia utilizou ferramentas para traçar segmentos e para traçar retas perpendiculares, além da ferramenta de régua.

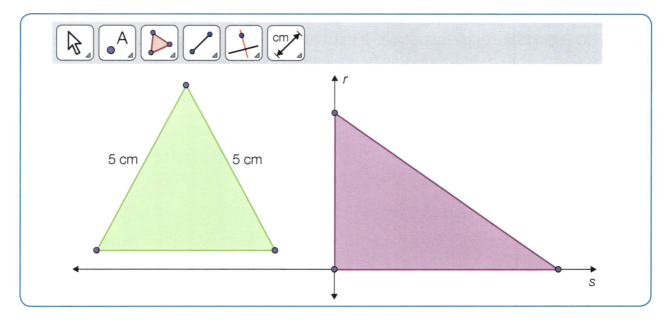

• Na sua opinião, por que Lúcia utilizou essas ferramentas para representar esses triângulos? Converse sobre isso com o professor e os colegas.

4 Sérgio deve construir um paralelogramo e um trapézio utilizando um *software* de geometria dinâmica. Para essa construção, Sérgio poderá utilizar as seguintes ferramentas:

- → permite traçar segmentos de reta
- → permite determinar a medida de um segmento de reta
- → permite traçar retas paralelas
- → permite traçar retas perpendiculares

a) Para construir um paralelogramo, que ferramentas você utilizaria?

_____

_____

_____

b) E para construir um trapézio, que ferramentas você utilizaria?

_____

_____

c) Se a ferramenta que permite traçar retas paralelas não estivesse habilitada, Sérgio conseguiria construir algum paralelogramo? Converse com o professor e os colegas.

d) No espaço a seguir, construa, à mão livre, a representação de um paralelogramo e a de um trapézio, indicando as ferramentas que você utilizaria se fosse construí-los no *software* de geometria dinâmica.

Ampliação e redução de figuras

Observe as figuras que Fábio pintou na malha quadriculada.

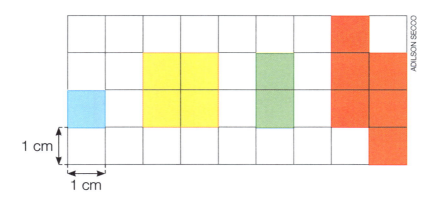

A figura amarela é uma **ampliação** da figura azul.

Também podemos dizer que a figura azul é uma **redução** da figura amarela.

A figura verde e a figura vermelha não são ampliações nem reduções da figura azul.

- Agora, responda às questões.

    a) O que há de parecido entre as figuras azul e amarela?

    _____
    _____

    b) Que diferenças você observa nas figuras azul e verde ao compará-las? E nas figuras azul e vermelha?

    _____
    _____

    c) Escreva o que é necessário para que uma figura seja uma ampliação de outra figura. Depois, converse com seus colegas e o professor sobre isso.

    _____
    _____
    _____

Atividades

1 Compare as medidas dos lados da figura laranja e da figura verde.

A figura verde é uma ampliação ou uma redução da figura laranja? Justifique.

_____

_____

_____

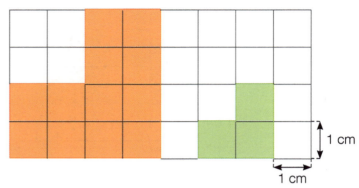

2 Observe a figura e faça o que se pede na malha quadriculada abaixo.

a) Desenhe uma figura triplicando apenas as medidas das linhas verdes. A figura que você obteve é uma ampliação da figura pintada de amarelo? Por quê?

_____

_____

b) Desenhe outra figura triplicando apenas as medidas das linhas laranja. A figura que você obteve é uma ampliação da figura pintada de amarelo? Por quê?

_____

_____

c) Triplicando todas as medidas da figura inicial, teremos uma figura com quantos centímetros de largura? E de altura? _____

110 cento e dez

3 Desenhe uma ampliação da figura azul, conforme as orientações de Cristina.

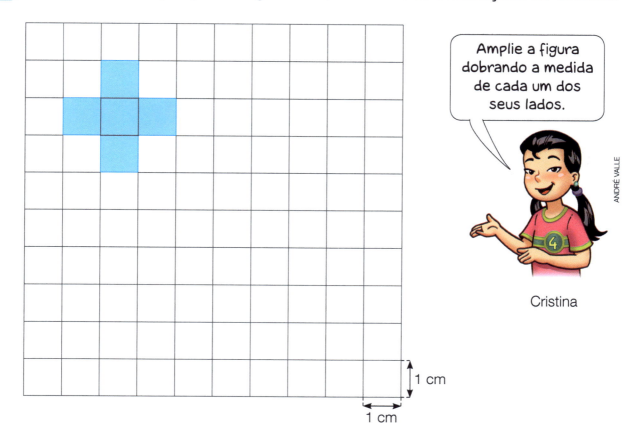

Amplie a figura dobrando a medida de cada um dos seus lados.

Cristina

4 Desenhe na malha quadriculada a seguir um paralelepípedo cuja aresta tenha seis vezes a medida da aresta do paralelepípedo laranja.

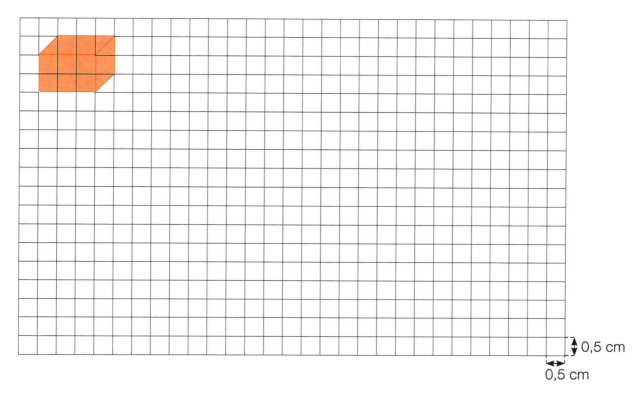

cento e onze **111**

5 Maiara estava desenhando polígonos em um *software* de geometria dinâmica em seu computador. Ela desenhou um quadrilátero e quer desenhar outro que represente uma ampliação do primeiro quadrilátero.

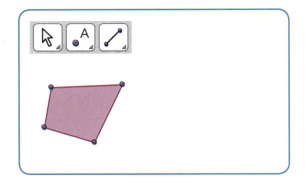

Ela reproduziu outro quadrilátero como esse usando o recurso de copiar e colar do programa. Obteve, assim, dois quadriláteros de mesmas medidas de lados e de ângulos internos. Veja a figura ao lado.

Com o objetivo de obter uma ampliação, Maiara "esticou" os lados do segundo quadrilátero. Veja a seguir os quadriláteros que ela obteve.

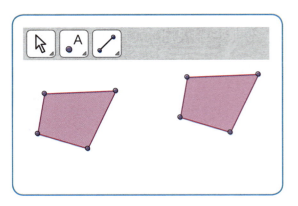

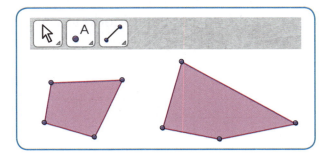

a) O que aconteceu com os ângulos internos do segundo quadrilátero quando Maiara "esticou" seus lados?

_____

b) O segundo quadrilátero representa uma ampliação do primeiro quadrilátero? Justifique sua resposta.

_____

_____

c) Converse com o professor e os colegas sobre o modo como Maiara construiu essa ampliação.

6 Após construir o quadrilátero, Maiara descobriu outra função do *software* que estava utilizando.

 Permite construir um polígono regular qualquer. Para isso, basta construir um segmento de reta, que será um dos lados do polígono, e indicar a quantidade de lados que tal polígono terá.

Maiara quer construir o desenho de um pentágono regular e vai usar a função descrita acima. Assim, ela construiu um segmento de reta de 3 cm e indicou que o polígono deveria ter 5 lados. Veja, ao lado, o pentágono que ela obteve.

Ela descobriu que, ao alterar o comprimento do primeiro segmento construído, as medidas dos ângulos internos do pentágono regular não mudam. Além disso, ela descobriu que, se dobrasse a medida desse segmento, as medidas dos outros lados também dobrariam.

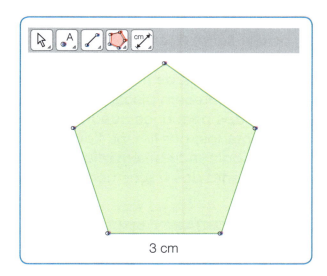

a) Com essa ferramenta, Maiara conseguiria obter uma ampliação ou uma redução desse pentágono? _____

b) Se ela quiser construir um novo pentágono que seja uma redução do pentágono acima, cujos lados sejam reduzidos à metade, qual deverá ser a medida do primeiro segmento construído? _____

c) Indique o que Maiara deve fazer para obter:

- um hexágono de 3 cm de lado e outro hexágono que tenha os lados medindo o dobro de 3 cm;

_____
_____
_____

- um octógono de 2 cm de lado e outro que tenha os lados medindo a metade de 2 cm.

_____
_____
_____

cento e treze **113**

Matemática em textos

Leia

Ilusões visuais e representações geométricas

As figuras a seguir provocam ilusões visuais, que podem ser de vários tipos. Na figura A, é possível perceber pelo menos duas ideias diferentes; na figura B, há ideia de movimentação, os pontos parecem piscar nos vértices dos pequenos quadrados representados; por fim, na figura C, é possível confundir-se em relação ao comprimento dos traços horizontais.

Figura A

Figura B

Figura C

Normalmente, usamos o termo "ilusão de óptica" quando nos referimos a essas confusões que acontecem com nossas percepções visuais. Entretanto, as ilusões visuais podem ter vários motivos para além da questão óptica, envolver outros sentidos e até mesmo os conhecimentos que temos sobre o tipo de imagem que nos é apresentada. As ilusões visuais que envolvem relações de espaço podem ser chamadas de **ilusões geométricas**.

Muitos artistas utilizam conhecimentos sobre as ilusões visuais em suas construções artísticas para produzir ilusões intencionalmente. Entretanto, em muitas situações não há a intenção de provocar ilusões, mas algumas confusões podem acontecer por meio dos conhecimentos dos observadores. Veja.

Figura D

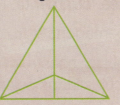

Com base na representação geométrica (figura D) e nos conhecimentos sobre poliedros, podemos dizer que se trata da representação de um tetraedro. No entanto, se utilizarmos nossos conhecimentos sobre polígonos, podemos dizer que a figura representa triângulos que formam outros. Assim, além da ilusão de óptica, que causa confusão propositalmente, podemos destacar as percepções confusas em representações geométricas que exploramos em nossas aulas.

Responda

Observe novamente as figuras A, B e C no texto e converse com seus colegas sobre as questões abaixo.

a) Quais desenhos podem ser visualizados na figura A?

b) O que acontece se você inclinar a cabeça para um dos lados ao olhar para a figura B?

c) Qual traço é maior na figura C?

Analise

1. Observe os traços perpendiculares que foram representados ao lado. Qual deles tem maior comprimento: o vertical ou o horizontal?

_____

2. Qual figura geométrica a imagem ao lado pode representar? Compare sua resposta com a de um colega e justifique a sua.

_____
_____
_____

Aplique

1. Escolha um poliedro ou um polígono e represente-o abaixo por meio de desenho. Depois, peça a um colega que descubra a figura representada.

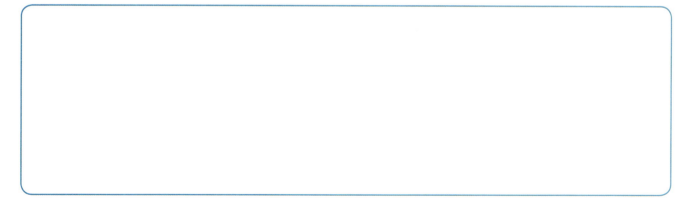

2. Com base nas atividades apresentadas, elabore com seus colegas dicas que possam ajudar na representação de figuras geométricas planas ou figuras geométricas não planas.

Cálculo mental

1. Ana e Pedro estão brincando de contar blocos que lembram cubos. Ana desenha blocos empilhados, e Pedro conta e anota em um quadro a quantidade de blocos que ele "enxerga" no desenho. Observe.

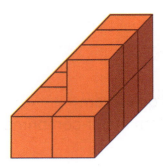

- Agora é você quem vai preencher os quadros para as situações abaixo.

a)

 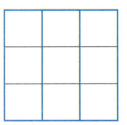

b)

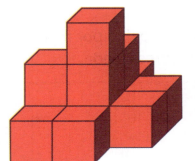 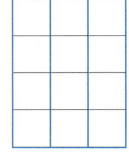

c)

 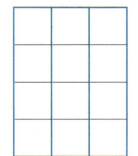

2 Observe as cédulas e moedas do nosso dinheiro. Depois, usando os números na forma decimal, escreva o valor das moedas e das cédulas necessárias para pagar cada produto sem que haja troco. Atenção: você deve usar a menor quantidade possível de cédulas e moedas.

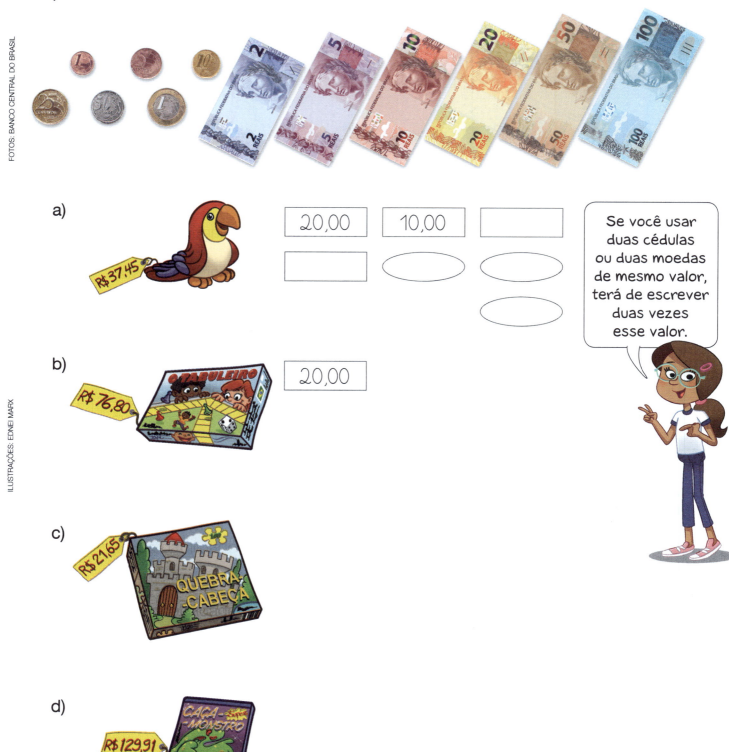

Se você usar duas cédulas ou duas moedas de mesmo valor, terá de escrever duas vezes esse valor.

a) R$ 37,45 — 20,00 | 10,00 | ☐

b) R$ 76,80 — 20,00

c) R$ 21,65

d) R$ 129,91

cento e dezessete 117

O que você aprendeu

Atividade interativa
Ângulos e retas

1 Qual das figuras não é um poliedro?

a) 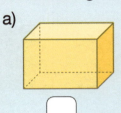 ☐

b)  ☐

c) 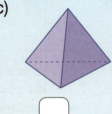 ☐

d) 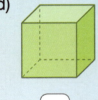 ☐

2 Após dar um giro de 180 graus à sua direita, Júlia vai parar diante de qual criança?

a) ☐ Cláudio   c) ☐ Ana

b) ☐ Flávia   d) ☐ Rodrigo

3 O ângulo destacado em verde, formado pelos ponteiros do relógio, é:

a) ☐ um ângulo agudo.

b) ☐ um ângulo reto.

c) ☐ um ângulo obtuso.

d) ☐ um ângulo raso.

4 Observe a figura abaixo.

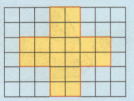

Das figuras a seguir, qual representa uma redução da figura amarela?

a)   c)

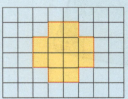   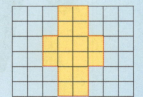

b) ☐   d) ☐

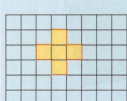   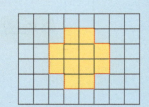

118 cento e dezoito

5 Observe os triângulos abaixo.

Na ordem em que aparecem, esses triângulos são:

a) ☐ equilátero, escaleno e isósceles.

b) ☐ isósceles, equilátero e retângulo.

c) ☐ equilátero, isósceles e retângulo.

d) ☐ isósceles, equilátero e escaleno.

6 Assinale apenas as frases certas.

a) ☐ Todas as faces dos poliedros são polígonos.

b) ☐ Figuras geométricas arredondadas são poliedros.

c) ☐ O cone e o cilindro são poliedros.

d) ☐ Os prismas e as pirâmides são poliedros.

7 Um triângulo escaleno:

a) ☐ tem os três lados com medidas diferentes.

b) ☐ tem quatro lados com a mesma medida.

c) ☐ tem apenas dois lados com medidas iguais.

d) ☐ tem todos os lados com a mesma medida.

8 As faces do prisma representado ao lado são formadas por:

a) ☐ 6 retângulos e 2 hexágonos.

b) ☐ 8 retângulos.

c) ☐ 6 quadrados e 2 hexágonos.

d) ☐ 6 hexágonos e 2 retângulos.

9 Qual é a afirmação verdadeira?

a) ☐ Um trapézio é um paralelogramo.

b) ☐ Um trapézio é um retângulo.

c) ☐ Um trapézio é um quadrilátero.

d) ☐ Um trapézio tem sempre um ângulo reto.

Quebra-cuca

Reproduza em seu caderno três trapézios como o representado abaixo.

- Depois, em cada trapézio, trace uma reta de modo que ela determine as duas figuras indicadas em cada caso.

a) 2 trapézios.

b) 2 triângulos.

c) 1 trapézio e 1 triângulo.

cento e dezenove 119

UNIDADE 4 — Mais operações

Para começar...

Marcos, Vanessa, Roberto e Beatriz foram à feira com dona Maria, a avó de Roberto.

- Dona Maria comprou 3 kg de batata e pagou 15 reais. Quanto ela pagaria se tivesse comprado 6 kg de batata?

_____

Para refletir...

Dona Maria também comprou duas bandejas de pimentão e dois quilogramas de pepino. Uma expressão que permite calcular quantos reais ela pagará por essa compra é:

☐ 8 × 2 + 5 ☐ 2 × (8 + 5) ☐ 8 + 2 + 5 + 2

As imagens nestas páginas não foram representadas em escala de tamanho.

Expressões numéricas

Análise e resolução

O preço de uma corrida de táxi é igual à bandeirada (quantia fixa) mais os quilômetros percorridos multiplicados pelo custo de cada quilômetro. Onde Mário reside, a bandeirada custa R$ 5,00, e cada quilômetro, R$ 3,00. Observe e complete.

a) Quanto Mário pagará por uma corrida de 13 quilômetros?

Cada quilômetro percorrido custa _____ reais, e serão percorridos _____ quilômetros.

13 × 3 reais = _____ reais. Devo adicionar o valor da bandeirada, que é _____ reais, com o total correspondente aos quilômetros percorridos. Então,

5 reais + _____ reais = _____ reais.

Os cálculos feitos por Mário podem ser representados por meio de uma expressão numérica: $\boxed{5 + 13 \times 3}$

Mário pagará _____ reais pela corrida.

b) Qual é o resultado da expressão 5 + 13 × 3 quando fazemos primeiro a adição? E quando fazemos primeiro a multiplicação?

Fazendo primeiro a adição:	Fazendo primeiro a multiplicação:
5 + 13 × 3 = _____ × 3 = _____	5 + 13 × 3 = 5 + _____ = _____

c) Qual dos resultados corresponde ao valor pago por Mário?

_____

Essa situação indica que, em uma expressão numérica, a ordem em que as operações são efetuadas deve obedecer a algumas regras, pois não podemos ter uma expressão numérica com mais de um resultado.

> **1ª regra:** As multiplicações e as divisões devem ser efetuadas primeiro, na ordem em que aparecem. Depois, devem ser efetuadas as adições e as subtrações, na ordem em que aparecem.
>
> **2ª regra:** Se as expressões apresentarem parênteses, as operações que estiverem dentro deles deverão ser feitas primeiro, seguindo a ordem vista na 1ª regra.

Atividades

1 Observe o cálculo da expressão numérica (3 + 4 × 5) − 13 feito por Ana e faça o que se pede.

> (3 + 4 × 5) − 13 = ?
> Como há parênteses, devemos fazer primeiro 4 × 5, que é igual a 20. Depois, calculamos 3 + 20, que é igual a 23. Finalmente, fazemos 23 − 13, que é igual a 10.

a) Por que Ana calculou primeiro o resultado de 4 × 5, e não de 3 + 4?

_____

b) Se os parênteses estivessem da seguinte maneira: (3 + 4) × 5 − 13 o resultado obtido por Ana seria diferente? Justifique sua resposta.

_____

2 Escreva uma expressão numérica correspondente à quantia total em cada caso. Depois, calcule o valor dessas expressões.

a)

b)

c)

3 Use somente os números 2, 3 e 4 uma única vez para criar uma expressão numérica cujo resultado seja:

a) 20   b) 24   c) 14   d) 6

cento e vinte e três 123

4 Complete as lacunas com os números abaixo, sem repeti-los, para que as igualdades sejam verdadeiras.

a) ☐ − (☐ + ☐) = 1

b) (☐ − ☐) × ☐ = 10

5 Calcule a quantidade de quadrinhos em cada caso por meio de uma expressão numérica.

a)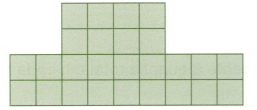

b)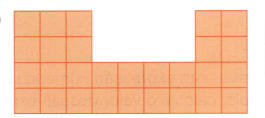

6 Veja, ao lado, como Amanda calculou o resultado de 9 × 23. Depois, pinte abaixo a expressão numérica que corresponde aos cálculos de Amanda.

> 9 é igual a 10 menos 1. Primeiro, eu fiz 10 vezes 23, que é igual a 230. Depois, multipliquei 1 por 23, que é igual a 23. Por último, subtraí esse resultado do primeiro: 230 − 23 = 207.
> O resultado obtido foi 207.

(10 × 23) − (1 + 23)

(10 × 23) − (1 × 23)

10 × (23 − 1) + 23

7 Escreva a expressão numérica correspondente a cada situação e resolva-a.

a) Bruno tinha 48 reais e ganhou 12 reais. Depois, dividiu igualmente seu dinheiro com seu irmão Laerte. Com quantos reais cada um ficou?

_____

b) Um celular custa 250 reais. Célia deu 50 reais de entrada e pagará o restante em 5 prestações iguais. Qual é o valor de cada prestação?

Jogo *Calculus*

_____

8 Complete as igualdades com os símbolos +, −, × ou ÷.

a) 3 _____ 4 _____ 2 = 10

b) 3 _____ 4 _____ 2 = 6

c) 3 _____ 4 _____ 2 = 9

d) 3 _____ 4 _____ 2 = 5

9 Leia o texto e responda às perguntas.

Míriam apertou as teclas 2   ×   3   +   5   = de sua calculadora para calcular o resultado da expressão numérica 2 × (3 + 5).

a) Qual foi o resultado encontrado por Míriam? E qual é o resultado certo?

_____

b) Qual foi o erro cometido por ela?

_____
_____
_____

cento e vinte e cinco **125**

Vamos jogar?

Dividindo e fechando

PARA JOGAR MUITAS VEZES

Material: Cartas das Fichas 5 a 7, marcadores da Ficha 8 e tabuleiro B.

Jogadores: 2 a 4.

Regras:

- Distribuem-se 9 marcadores de mesma cor para cada jogador. Um deles é escolhido para embaralhar as cartas e entregar 4 cartas para cada jogador e colocar 4 cartas viradas para cima nos espaços indicados no tabuleiro. O restante das cartas deve ficar virado para baixo no espaço marcado como monte para compras.

- Os jogadores decidem quem vai começar o jogo. Cada jogador, na sua vez, tenta dividir o número de uma carta da mesa pelo número de uma carta de sua mão (deve ser uma divisão exata), ou dividir a soma dos números de duas cartas da mesa pelo número de uma carta de sua mão (deve ser uma divisão exata). Por exemplo, se o jogador tiver na mão as cartas 3, 1, 10 e 2 e na mesa houver as cartas 5, 8, 4 e 6, ele poderá dividir 5 por 1, ou 4 por 2, ou, ainda, (4 + 6 = 10) por 2, ou (8 + 4 = 12) por 3 etc.

- Cada carta que for usada (da mesa e da mão do jogador) deve ser deixada ao lado do tabuleiro, formando o monte de cartas usadas, e, no lugar de cada uma delas, deve entrar uma carta do monte para compras. Quando todo o baralho for usado, as cartas descartadas devem ser embaralhadas, formando um novo monte para compras.

- O resultado da divisão deve ser coberto com um marcador no placar do jogador (números de 1 a 9 que se encontram nas laterais do tabuleiro). Caso o número já esteja coberto ou não seja possível realizar uma divisão exata, o jogador deve trocar uma carta de sua mão ou uma carta da mesa, à sua escolha, pela próxima do monte de compras, deixar a carta trocada no monte de cartas usadas e passar sua vez.

- O coringa pode ser usado no lugar de qualquer número de 1 a 10, mesmo se estiver virado na mesa.

- Ganha quem completar primeiro todos os números do placar.

Depois de jogar

1. Um jogador tem as seguintes cartas na mão: 2, 3, 4 e 9. Na mesa, estão as cartas 8, 6, 5 e 7. Que resultados esse jogador poderá obter?

   _____
   _____

2. Se as 4 cartas da mesa fossem 1, 1, 1 e 1, quais seriam as cartas que o jogador deveria ter na mão para poder realizar uma divisão?

   _____
   _____
   _____

3. Observe a situação de jogo e responda.

   - Se o próximo a jogar for Cristiano, que divisão ele deverá fazer para ganhar a partida?

     _____

4. Um jogador tem as seguintes cartas na mão: 3, 5, 9 e coringa, e na mesa estão as cartas 4, 7, 8 e 9. O coringa pode ser usado no lugar de qual carta para obter resultado igual a 8?

   _____
   _____
   _____

5. No jogo, é possível obter resultado igual a 10? Se possível, dê um exemplo.

   _____

cento e vinte e sete

Problemas

Problemas com mais de uma operação

Veja como podemos resolver o problema a seguir e complete.

Para um *show* beneficente, foram colocados à venda 2 200 ingressos. Pela manhã, foram vendidos 489 ingressos, e à tarde, 450. Quantos ingressos ainda estão à venda?

> Primeiro, identificamos a pergunta e os dados do problema.

Pergunta: Quantos ingressos ainda estão à venda?

Dados: Foram colocados à venda 2 200 ingressos. Pela manhã, foram vendidos 489 ingressos, e à tarde, 450.

> Depois, analisamos o que deve ser feito para resolver o problema, ou seja, para responder à pergunta do problema.

Começamos calculando quantos ingressos foram vendidos ao todo.

489 + 450 = _____

```
  C D U
  1
  4 8 9
+ 4 5 0
-------
```

Em seguida, para verificar quantos ingressos ainda não foram vendidos, subtraímos o total de ingressos vendidos dos que foram colocados à venda.

2 200 − ▢ = _____

```
  UM C  D  U
   1 11  9
   2  2 10 10
 −      9  3  9
 ----------
```

Ainda estão à venda _____ ingressos.

Atividades

1) Há 5 dias, Tomás começou a ler um livro de histórias sobre o espaço. Nos últimos 5 dias, ele leu, por dia, 28 páginas desse livro. Para terminá-lo, ainda faltam 52 páginas. Quantas páginas tem o livro de Tomás?

a) Qual é a pergunta desse problema?

_____

b) Quais são os dados do problema?

_____

_____

c) Explique como você pode resolver esse problema.

O livro de Tomás tem _____ páginas.

2) Vânia faz bombons para vender em embalagens com 12 unidades sortidas. Em um fim de semana, ela fez 150 bombons de morango, 120 de coco e 140 de cereja. Quantas embalagens ela conseguirá montar com esses bombons?

3) Bruno comprou 12 cadernos para seus filhos ao preço de 11 reais cada um. Se ele pagou essa compra com duas cédulas de 100 reais, quanto ele recebeu de troco?

4 Considere as informações a seguir.

I) Um modelo de máquina de lavar roupas está sendo vendido por 12 parcelas de 191 reais.

II) No pagamento à vista, há um desconto de 100 reais.

a) Elabore um problema utilizando as informações indicadas acima. A pergunta desse problema deve permitir que sua resolução seja obtida por meio de duas operações: uma multiplicação e uma subtração.

_____
_____
_____
_____

b) Agora, resolva o problema que criou.

5 Veja a seguir o enunciado de um problema com algumas informações incompletas e faça o que se pede.

> Valéria comprou um _____ pelo valor de _____ reais.
> Ela também comprou uma _____ por _____ reais. Se ela dividiu o valor total da compra desses dois itens em _____ parcelas iguais, qual foi o valor de cada parcela?

a) Complete o enunciado desse problema com informações adequadas.

b) Agora, resolva o problema que você completou.

Proporcionalidade

- Veja quais são os ingredientes para uma receita de biscoitinhos de goiaba.

Ingredientes

2 xícaras (chá) de farinha de trigo
150 gramas de manteiga
1 xícara (chá) de açúcar
3 colheres (sopa) de água
150 gramas de goiabada firme cortada em tiras finas

a) Sabendo que essa receita rende 36 biscoitos, quantos gramas de goiabada seriam necessários para fazer 18 biscoitos? E 72 biscoitos? Explique suas respostas.

_____
_____
_____
_____

b) Maria quer fazer 360 desses biscoitos para vender. Quanto ela precisará de cada ingrediente para fazer esses biscoitos? Complete a lista a seguir com as quantidades correspondentes.

_____ xícaras (chá) de farinha de trigo

_____ gramas de manteiga

_____ xícaras (chá) de açúcar

_____ colheres (sopa) de água

_____ gramas de goiabada firme cortada em tiras finas

- Pesquise na internet ou com seus familiares os ingredientes para fazer uma receita de bolo. Descubra a quantidade de porções que é possível preparar com essa receita.

Escreva essas informações em seu caderno. Depois, reescreva a receita considerando a quantidade de cada ingrediente para que ela seja suficiente para servir uma porção a cada colega de sua classe. Considere que poderão sobrar porções, mas não poderão faltar.

Atividades

1 Jair vende bombons em embalagens de 6, 8 e 12 unidades. Ele paga 3 reais em cada embalagem, e a embalagem com 8 bombons tem o custo de 19 reais; nesse valor ele já incluiu a quantia gasta com a embalagem.

Sabendo que o preço de cada bombom é sempre o mesmo, independentemente da embalagem, determine o custo das embalagens com 6 e 12 bombons.

_____

_____

2 Veja a planta que Mariano fez de sua residência.

Para fazer essa representação, Mariano considerou que cada centímetro, na planta, corresponde a 1 metro na realidade.

- Utilizando uma régua, determine as medidas indicadas por a e b, em metros.

$a =$ _____ $b =$ _____

3 O quarto de Luísa tem formato retangular de lados medindo 3 m e 2 m. Desenhe no espaço a seguir a representação do quarto de Luísa sendo que cada 3 cm da sua representação deve corresponder a 1 m na realidade.

4 Diego iniciou a construção de um gráfico de colunas para indicar o valor das vendas de sua loja de calçados nos 4 primeiros meses de 2018.

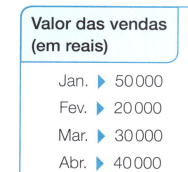

Valor das vendas (em reais)

Jan. ▶ 50 000
Fev. ▶ 20 000
Mar. ▶ 30 000
Abr. ▶ 40 000

Fonte: Dados obtidos por Diego (maio 2018).

Vendas no 1º quadrimestre de 2018

a) Qual foi o valor das vendas referentes ao mês de janeiro? _____

b) Com o auxílio de uma régua, meça, no gráfico, a coluna correspondente ao mês de janeiro. Qual é a altura, em centímetro, dessa coluna? _____

c) Para fazer o gráfico, Diego considerou que cada 1 cm de altura das colunas corresponde a quantos reais em vendas? _____

d) Desenhe, no gráfico, as colunas correspondentes aos meses de fevereiro, março e abril.

cento e trinta e três

Repartir em partes iguais e em partes desiguais

Fábio ajudou sua professora a arrumar os 100 livros doados em uma estante. Os livros foram distribuídos em cinco prateleiras. Em uma dessas prateleiras foram colocados livros de fábulas e nas outras quatro prateleiras foram colocados livros de histórias infantis.

Sabendo que em todas as prateleiras foi colocada a mesma quantidade de livros, responda.

a) Quantos livros doados são de histórias infantis?

_____

b) E quantos são de fábulas?

_____

c) Agora, marque com um **X** as sentenças verdadeiras.

- Os livros de fábulas representam:

    ☐ metade de todos os livros doados.

    ☐ um terço de todos os livros doados.

    ☐ um quarto de todos os livros doados.

    ☐ um quinto de todos os livros doados.

    ☐ um oitavo de todos os livros doados.

- Comparando a quantidade de livros de fábulas e de histórias infantis, podemos dizer que:

    ☐ os livros de fábulas correspondem à quarta parte dos livros de histórias infantis.

    ☐ os livros de fábulas correspondem a um terço dos livros de histórias infantis.

    ☐ os livros de fábulas correspondem à metade dos livros de histórias infantis.

    ☐ os livros de fábulas correspondem a um quinto dos livros de histórias infantis.

    ☐ os livros de fábulas correspondem a um oitavo dos livros de histórias infantis.

Atividades

1 Zélia e seu pai fizeram um bolo de laranja. Depois de pronto, eles o dividiram em duas partes de mesmo tamanho. Uma dessas partes eles dividiram em 16 pedaços iguais e a outra metade dividiram em 4 pedaços iguais.

a) Represente, na malha quadriculada a seguir, como o bolo de Zélia ficou após ser dividido totalmente.

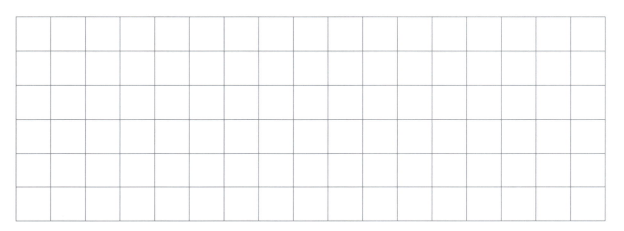

b) Cada um dos 4 pedaços iguais que eles obtiveram a partir de uma metade corresponde à:

☐ oitava parte do bolo inteiro.

☐ quarta parte do bolo inteiro.

☐ metade do bolo inteiro.

c) É possível repartir um dos 4 pedaços iguais para obter um pedaço como um dos 16 pedaços menores? Explique.

_____

_____

d) Se o bolo fosse todo dividido em pedaços iguais aos menores, quantos pedaços de bolo seriam obtidos?

_____

2) Jurandir pretende construir uma casa ocupando metade de um terreno. Em um terço desse terreno, ele construirá a área de lazer e a garagem. No restante do terreno, fará um pomar.

a) Represente, na malha quadriculada a seguir, a divisão desse terreno.

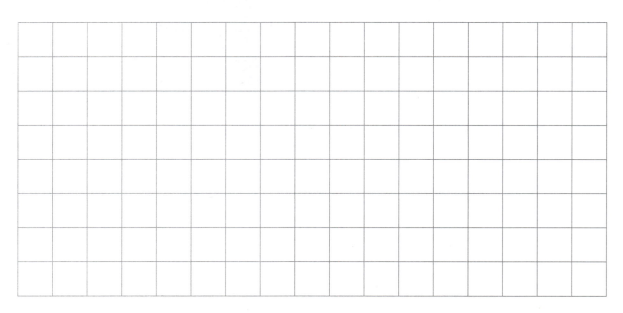

b) Marque com um **X** as alternativas corretas.

Podemos dizer que a parte destinada ao pomar equivale:

☐ à metade da parte ocupada pela casa.

☐ à metade da parte ocupada pela área de lazer e garagem.

☐ a um terço da parte ocupada pela casa.

☐ a um terço da parte ocupada pela área de lazer e garagem.

☐ a um quinto de todo o terreno.

☐ a um sexto de todo o terreno.

3) Escreva um problema em que determinada quantidade foi dividida em duas partes desiguais. Uma dessas partes deve corresponder a um quinto do total. Depois, troque com um colega: você resolve o problema que ele escreveu e ele resolve o seu.

_____
_____
_____

Possibilidades

Márcia comprará uma calça e uma blusa.

Como na loja há 2 possibilidades de cor de calça e 2 possibilidades de cor de blusa, ela está em dúvida sobre a combinação que vai escolher.

a) Pinte na tabela as possíveis combinações que Márcia tem para escolher uma calça e uma blusa nessa loja.

Combinações de calça e blusa

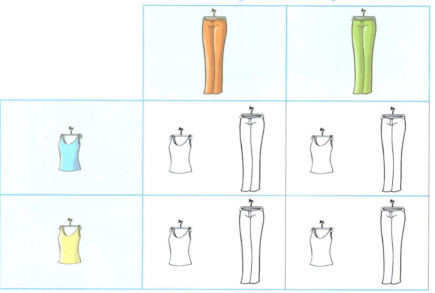

Fonte: Anotações de Márcia (set. 2017).

b) Quantas são as combinações possíveis que Márcia tem para escolher a roupa que comprará? _____

Essa quantidade pode ser representada por uma multiplicação.

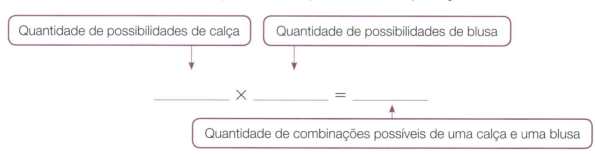

c) Se tivesse mais uma possibilidade de cor de blusa, o que aconteceria com a quantidade de combinações possíveis para Márcia? Justifique sua resposta por meio de uma multiplicação. _____

cento e trinta e sete

Atividades

1 Márcio foi comprar um aquário e um peixe para seu filho.

a) Complete com as possibilidades de compra que Márcio tem.

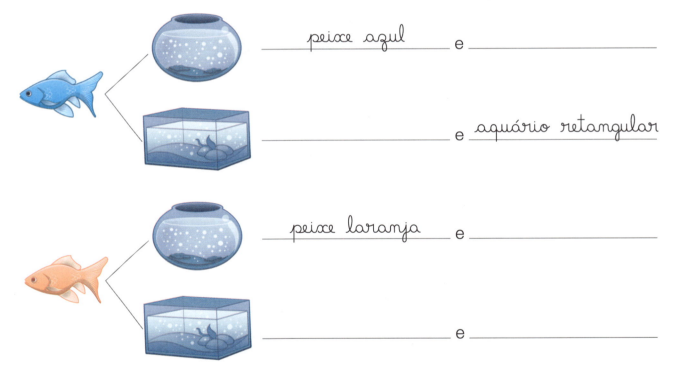

peixe azul e _____

_____ e aquário retangular

peixe laranja e _____

_____ e _____

b) Quantas são as possibilidades de compra? _____

c) Represente essa quantidade por uma multiplicação. _____

d) Se fossem 5 espécies de peixes e 3 tipos de aquário, quantas possibilidades de compra Márcio teria? Explique como você calculou essa quantidade.

2 Carlos inventou um código com letra e número para emplacar os carrinhos de sua coleção. O código tem uma letra (A ou B) e um número (1, 2 ou 3). Veja os exemplos.

a) Complete com as possibilidades que Carlos tem de formar uma placa.

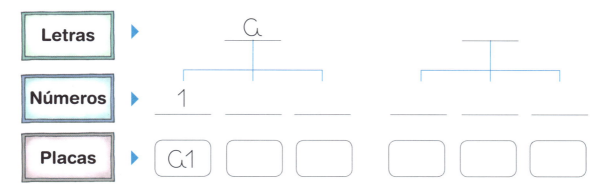

b) Quantas são as possibilidades de formar uma placa? _____

c) O que Carlos poderia fazer para dobrar a quantidade de possibilidades?
_____

3 Ricardo vende balões de três formatos diferentes (de cão, de gato e de urso). Há duas possibilidades de cor (cinza e marrom) para cada formato.

a) Complete com as diferentes possibilidades de balões.

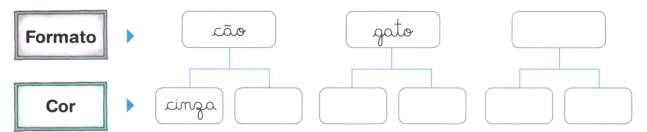

b) Escreva uma multiplicação para representar a quantidade de tipos de balão que Ricardo vende.
_____

c) Se, além das cores cinza e marrom, também houvesse a cor laranja, quantos seriam os tipos de balão que ele vende? _____

d) E se, além das três cores e dos três formatos, houvesse as opções de tamanhos grande e pequeno, quantos seriam os tipos de balão? _____

Matemática em textos

Leia

Número nas tirinhas

A Matemática ajuda a compreender muitos tipos de texto, até mesmo as tirinhas. A tirinha, normalmente, combina texto escrito e desenho em uma sequência de quadrinhos. Como seu principal objetivo é divertir o leitor, ela apresenta uma situação comum do dia a dia, fazendo uso do humor.

Veja abaixo algumas dessas tirinhas.

MARCELINHO — Mauricio de Sousa

PEANUTS — Charles Schulz

NÍQUEL NÁUSEA — Fernando Gonsales

Responda

1 Veja a tirinha do Marcelinho e responda.

a) De acordo com Marcelinho, dormir 8 horas por dia por 40 anos é equivalente a dormir por quanto tempo?

_____

b) Se dormirmos 8 horas por dia, quantas horas teremos dormido em um ano? _____

2 Observe a segunda tirinha e faça o que se pede.

a) Que tipo de operação matemática Charlie Brown e Sally estão estudando?

_____

  b) Resolva as multiplicações que estão na tirinha.

5 × 10 = _____   6 × 20 = _____   2 × 11 = _____

3 Escolha um número de 1 a 10. Usando uma calculadora, siga as instruções de Níquel Náusea. Que resultado você encontrou? _____

Analise

Na sua opinião, por que o Cebolinha, na primeira tirinha, disse que, se brincarmos 8 horas por dia, aos 40 anos teremos um adulto feliz?

_____

_____

Aplique

Reúna-se com um colega e criem uma tirinha inteligente e divertida no espaço abaixo. Mas lembrem-se de que a Matemática deve estar presente nela.

 Sejam **criativos** e usem a **imaginação** para produzir uma tirinha inteligente e divertida.

TEMA 3 — Múltiplos e divisores

Múltiplos de um número natural

Cristina vai sacar dinheiro em um caixa, mas ela só pode sacar quantias que sejam múltiplas de 50 reais.

Quais quantias Cristina pode sacar?

Para calcular os múltiplos de 50, multiplicamos 50 pelos números naturais 0, 1, 2, 3, 4, 5...

Números naturais	0	1	2	3	4
Múltiplos de 50	50 × 0 0	50 × 1 ___	50 × 2 ___	50 × 3 ___	50 × 4 ___

Cristina pode sacar _____, _____, _____, _____ ... reais.

> Os múltiplos de um número são obtidos pela multiplicação desse número pelos números naturais 0, 1, 2, 3, 4, 5, 6, 7...

Indicamos a sequência dos múltiplos de 50 por:

M(50): 0, 50, 100, 150, _____, _____, _____, _____ ...

As reticências (...) indicam que essa sequência não tem fim.

Atividades

1 Pinte os quadrinhos que indicam os múltiplos correspondentes a cada número.

Número	Múltiplos																				
	0	1	2	3	4	5	6	7	8	9	10	11	12	13	14	15	16	17	18	19	20
2																					
4																					
6																					
8																					
10																					
12																					

142 cento e quarenta e dois

2 Responda às questões.

a) Qual é o maior múltiplo de 2 que é menor que 30? _____

b) Qual é o menor múltiplo de 4 que é maior que 10? _____

3 Márcia pensou em um número par maior que 30 e menor que 50. Esse número é múltiplo de 7. Escreva como você pensou para descobrir o número em que Márcia pensou.

_____

_____

_____

_____

4 Leia o que Daniel e Juliana estão dizendo.

- Agora, descubra quais dos números abaixo são múltiplos de 7 e pinte-os.

| 56 | 161 | 37 | 625 | 302 | 910 |

Divisores

Juliana quer distribuir igualmente 9 peixes entre alguns aquários de forma que não sobrem peixes. Como ela poderá fazer essa distribuição?

Primeiro, ela usou 1 aquário.

Coloquei __9__ peixes no aquário.

Resto: 0

Depois, ela usou 2 aquários.

Cada aquário ficou com ____ peixes, mas sobrou 1 peixe.

Resto: 1

Em seguida, usou 3 aquários...

Coloquei ____ peixes em cada aquário.

Resto: 0

... e continuou a distribuição dos peixes: usando 4 aquários, 5 aquários... até 9 aquários.

Usando 9 aquários, cada um ficou com ____ peixe.

Resto: 0

Para distribuir igualmente 9 peixes, sem sobrar nenhum, Juliana poderá usar: __1__ aquário, ____ aquários ou __9__ aquários.

Nas divisões de 9 por 1, 3 e 9, não houve resto. Por isso, os números 1, 3 e 9 são chamados de **divisores** de 9.

Indicamos os divisores de 9 por: D(9): 1, 3, 9

Atividades

1 O que Renato diz está correto? Justifique sua resposta.

_____

_____

Os números 2, 4, 5, 6, 7 e 8 **não** são divisores de 9.

Renato

2 Adriana tem uma fita de 20 metros de comprimento e quer cortá-la em pedaços de mesmo tamanho sem que haja sobra. Marque com um **X** o comprimento que pode ter cada um dos pedaços.

☐ 4 metros.   ☐ 7 metros.   ☐ 8 metros.   ☐ 12 metros.

3 Complete com os divisores de cada número.

a) D(6): _____

b) D(10): _____

c) D(13): _____

d) D(16): _____

4 Daniela desenhou na malha quadriculada todos os retângulos possíveis com área igual a 8 .

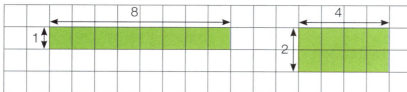

D(8): 1, 2, 4, 8

Os números que expressam as medidas da largura e do comprimento de cada retângulo são os divisores de 8.

Daniela

- Agora, pinte na malha quadriculada todos os retângulos possíveis com área igual a 12 e escreva quais são os divisores de 12.

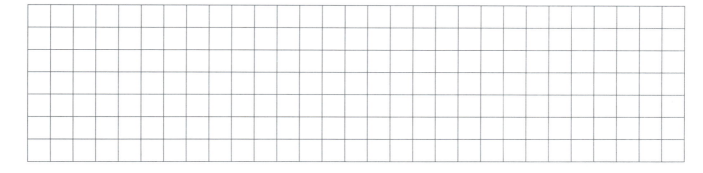

D(12): _____

5 Um grupo de 21 amigos resolveu acampar. Eles vão comprar barracas e devem escolher entre dois tipos: para 3 ou para 4 pessoas. Qual tipo de barraca acomoda todos os amigos sem sobrar lugares?

O tipo de barraca que acomoda todos os amigos sem sobrar lugares é a barraca para _____ pessoas.

6 Vânia fez 150 bombons e quer comprar embalagens de um mesmo tipo para colocar todos esses bombons sem que haja sobra. Ela pode comprar embalagens para 6, 8 ou 12 bombons. Que tipo de embalagem Vânia deve comprar?

Ela deve comprar embalagem para _____ unidades.

7 Pinte os divisores do número destacado em cada caso.

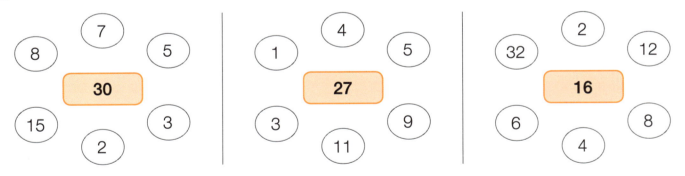

8 Observe a quantidade de morangos em cada espetinho vendido em uma festa junina.

- Quantos espetinhos é possível montar com 50 morangos? Sobram morangos?

_____

146 cento e quarenta e seis

9 Mateus quer colocar prateleiras justapostas umas às outras em toda a extensão da parede de seu escritório, que tem 4 metros de comprimento.

a) Qual modelo de prateleira Mateus deve escolher para que não faltem prateleiras nem tenha de cortar uma delas?

Temos 2 modelos de prateleira: com 60 centímetros ou com 80 centímetros de comprimento.

Ele deve escolher o modelo de prateleira com _____ centímetros de comprimento.

b) Quantas prateleiras do modelo escolhido ele deverá comprar? _____

10 Siga o caminho dos divisores de 120 e descubra a saída do labirinto.

- Quais são os divisores de 120?

_____

Números primos

Elise quer distribuir 5 maçãs igualmente entre sacos plásticos sem que sobrem maçãs. Veja como ela tentou distribuí-las e complete as divisões.

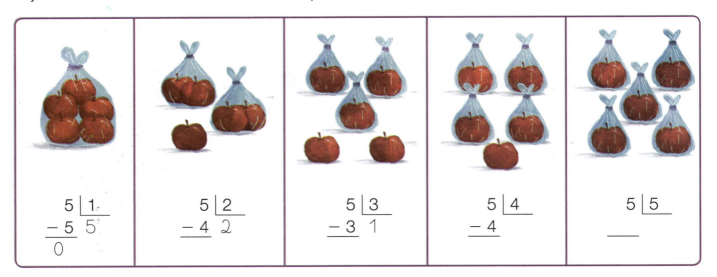

Observe que o número 5 tem apenas dois divisores: 1 e ele mesmo.

> Quando um número é diferente de 1 e tem apenas dois divisores (1 e ele mesmo), ele é chamado de **número primo**.

Números compostos

Observe o que Adilson está dizendo e complete.

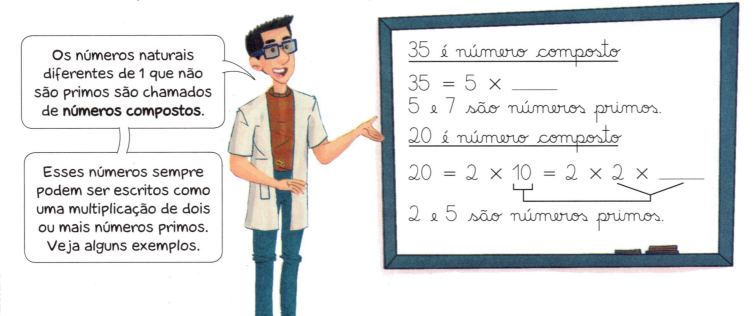

Os números naturais diferentes de 1 que não são primos são chamados de **números compostos**.

Esses números sempre podem ser escritos como uma multiplicação de dois ou mais números primos. Veja alguns exemplos.

35 é número composto
35 = 5 × ____
5 e 7 são números primos.
20 é número composto
20 = 2 × 10 = 2 × 2 × ____
2 e 5 são números primos.

Atividades

1 Usando uma calculadora, descubra quais destes números são primos. Então, pinte-os.

19   25   13   34   47   29

2 Complete com os divisores de cada número. Depois escreva se o número é *primo* ou *composto*.

a) 2 ▸ D(2): _____

O número 2 é _____ .

b) 4 ▸ D(4): _____

O número 4 é _____ .

c) 11 ▸ D(11): _____

O número 11 é _____ .

d) 24 ▸ D(24): _____

O número 24 é _____ .

3 Escreva uma multiplicação de três números primos cujo resultado seja o número composto indicado em cada caso.

a) 12 = _____

b) 30 = _____

c) 18 = _____

d) 50 = _____

4 Desenhe todos os retângulos possíveis com a área indicada em cada caso.

a) Área = 6

b) Área = 7

c) Área = 10

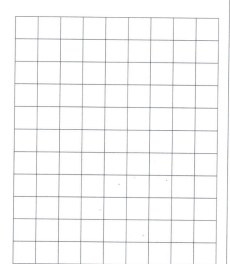
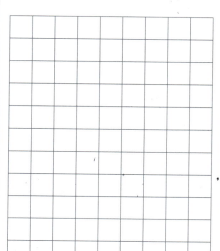
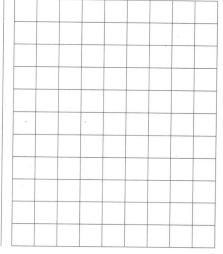

- Em qual item foi possível desenhar apenas 1 retângulo? Por quê?

_____

_____

Compreender informações

Interpretar dados organizados em gráficos

1. Em um clube, foi feita uma pesquisa para saber que esporte seus associados preferem. O resultado foi apresentado por meio de um gráfico de setores.

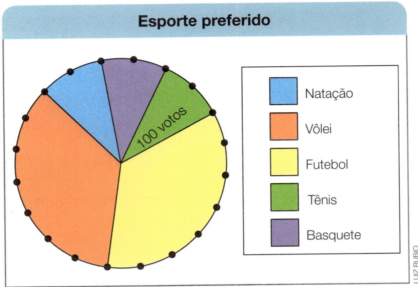

Fonte: Administração do clube (dez. 2017).

a) Identifique a quantidade de votos (frequência) correspondente a cada esporte e complete a tabela a seguir.

Esporte preferido

Esporte escolhido pelos associados	Quantidade de votos (frequência)
Natação	
Vôlei	
Futebol	
Tênis	
Basquete	

Fonte: Administração do clube (dez. 2017).

b) Que esporte foi o mais votado?

c) Em grupo, com a ajuda de seu professor, organizem uma pesquisa para saber a preferência dos alunos de sua turma em relação aos esportes mencionados nesse gráfico. Em seguida, apresentem o resultado da pesquisa em um gráfico.

2 Em um *shopping* existem três caixas eletrônicos: A, B e C. Após esvaziados, cada um deles foi abastecido apenas com cédulas de 100 reais e 10 reais.

O gráfico abaixo apresenta a quantidade de cédulas que cada um desses caixas recebeu.

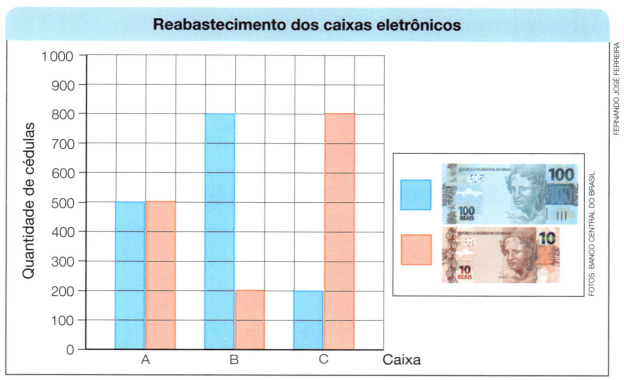

Fonte: Gerência do *shopping* considerado (7 ago. 2018).

- Com base no gráfico, responda às questões.

   a) Que caixa eletrônico recebeu mais cédulas de 100 reais? _____

   b) Que caixa eletrônico recebeu mais cédulas de 10 reais? _____

   c) O caixa que recebeu a maior quantia é aquele que tem a maior quantidade de cédulas? Escreva um texto para explicar sua resposta.

   _____
   _____
   _____

   d) É possível retirar 3 000 reais em cédulas de 10 reais de qualquer um desses caixas? Por quê? Descreva, se existir, uma maneira de retirar 3 000 reais de cada um desses caixas, independentemente do tipo de cédulas retiradas.

   _____
   _____
   _____

cento e cinquenta e um

Igualdades

Propriedades da igualdade

- Veja a balança de dois pratos a seguir.

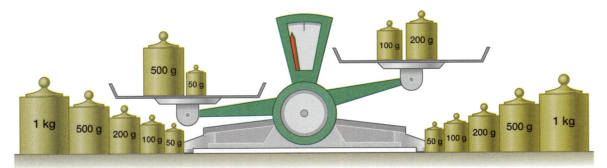

O que pode acontecer para que essa balança entre em equilíbrio? Converse com o professor e os colegas.

- Agora, observe a balança de dois pratos que está em equilíbrio.

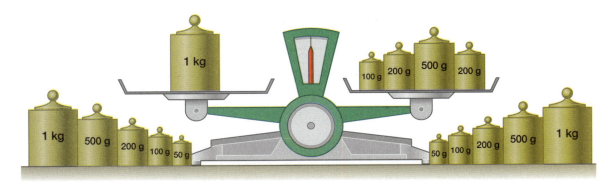

a) Entre as sentenças matemáticas a seguir, marque com um **X** qual representa a relação entre as massas dos pratos da balança acima.

☐ 1000 g = 100 g + 200 g + 500 g + 200 g

☐ 1000 g > 100 g + 200 g + 500 g + 200 g

☐ 1000 g < 100 g + 200 g + 500 g + 200 g

b) O que acontecerá com a balança se colocarmos um peso de 500 g em cada um dos pratos? _____

c) Represente essa nova situação por meio de uma sentença matemática.

_____

Atividades

1 A balança a seguir está em equilíbrio e todas as caixinhas verdes têm mesma massa.

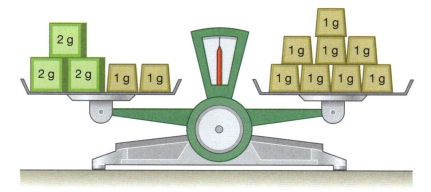

Podemos representar essa situação pela sentença matemática:

$$2g + 2g + 2g + 1g + 1g = 1g + 1g + 1g + 1g + 1g + 1g + 1g + 1g$$

a) Quantos gramas há em cada prato da balança? _____

b) Se tirarmos metade do que há em cada prato, o que acontecerá com a balança? Explique sua resposta. _____

c) E o que acontecerá com a balança se deixarmos, em cada prato, o dobro do que ele tem? Como podemos representar essa situação por meio de uma sentença matemática? _____

2 Considere a igualdade a seguir.

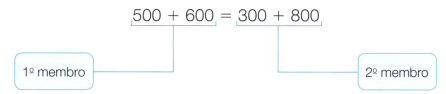

a) Adicione um mesmo número a ambos os membros dessa igualdade. O que aconteceu?

b) Agora, subtraia um mesmo número de ambos os membros dessa igualdade. O que aconteceu?

c) Converse com o professor e os colegas sobre o que observaram nos itens *a* e *b*. Depois, escreva uma conclusão.

cento e cinquenta e três

3 Rodrigo e Sandra começaram a colecionar figurinhas de álbum de super-heróis. As figurinhas são vendidas em pacotes com 4 unidades. Na semana passada, Sandra comprou 5 pacotes e ganhou outros 3 de sua prima. Rodrigo comprou 6 pacotes e ganhou mais 8 figurinhas de um colega.

a) Quantas figurinhas tem cada um?

_____

b) Marque com um **X** a sentença que relaciona a quantidade de figurinhas de Rodrigo com a quantidade de Sandra.

☐ $5 \times 4 + 3 \times 4 > 6 \times 4 + 8$

☐ $5 \times 4 + 3 \times 4 = 6 \times 4 + 8$

☐ $5 \times 4 + 3 \times 4 < 6 \times 4 + 8$

c) Nesta semana, cada um ganhou o triplo de figurinhas da semana passada. Com quantas figurinhas cada um ficou?

_____

d) Escreva uma sentença que relaciona a quantidade de figurinhas ganhas por Rodrigo e por Sandra nesta semana.

_____

4 Em cada caso, elabore uma situação que possa ser representada pela igualdade.

$$(7 + 3 + 4) = (11 + 3)$$

$$(7 + 3 + 4) \div 2 = (11 + 3) \div 2$$

Valor desconhecido

Ana quer descobrir a massa de uma das caixinhas verdes que estão na balança. A balança está em equilíbrio e todas as caixinhas verdes têm mesma massa.

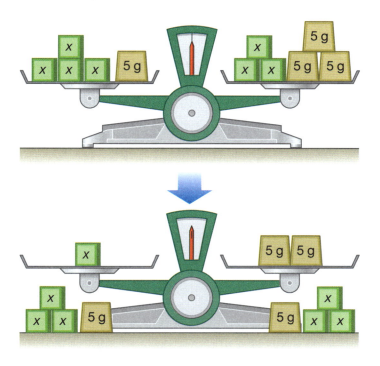

Para descobrir a massa de uma caixinha verde, vou retirar a mesma quantidade de caixinha e de peso de cada prato.

- Qual é a massa de cada caixinha verde? _____

Atividades

1. Na balança a seguir, todas as laranjas têm mesma massa.

- Determine a massa de uma laranja e, depois, explique como você pensou para determinar esse valor.

_____

_____

cento e cinquenta e cinco 155

2 Escreva, em cada quadrinho, o número que falta para tornar cada igualdade verdadeira.

a) ☐ + 25 = 36

b) ☐ − 12 = 26

c) 2 × ☐ = 100

d) ☐ ÷ 7 = 9

e) 5 + 10 = 9 + ☐

f) 4 × 10 = ☐ × 2

- Explique aos colegas e ao professor como você pensou para descobrir o número correspondente a cada caso.

3 A professora de Virgínia propôs um desafio à turma. Veja.

> Maristela já leu 65 páginas de um livro. Afonso leu 82 páginas desse mesmo livro, mas ainda faltam 22 páginas para terminá-lo.
>
> Quantas páginas faltam para Maristela terminar de ler esse livro?

Virgínia resolveu esse problema da seguinte maneira:

Como os livros são iguais, posso escrever:
65 + ☐ = 82 + 22
Determino a quantidade de páginas que tem o livro, calculando:
82 + 22 = 104
Assim, posso escrever:
65 + ☐ = 104

Se eu subtrair 65 de ambos os membros da igualdade eu obtenho o número de páginas que faltam para Maristela terminar de ler o livro:
65 + ☐ − 65 = 104 − 65
☐ = 39
Faltam 39 páginas.

- Converse com o professor e os colegas sobre o modo como Virgínia resolveu esse problema. Você resolveria de um modo diferente? Explique.

4 Paulo tinha uma quantia de dinheiro, e Davi tinha 7 286 reais. Se Davi tinha 1 817 reais a menos que Paulo, quantos reais tinha Paulo?

Paulo tinha _____ reais.

5 Durante uma campanha foram arrecadados 260 quilogramas de material reciclável, entre plásticos, metais e papéis. Sabe-se que metade da massa de material reciclável arrecadado refere-se a plásticos e que um quinto do total, aos metais. Quantos quilogramas de papel foram arrecadados?

Foram arrecadados _____ quilogramas de papel.

6 Danilo foi ao cinema com 4 amigos, e todos pagaram o mesmo valor pelo ingresso. Além disso, cada um comprou uma pipoca de 5 reais para comer enquanto assistiam ao filme. Sabendo que no total eles gastaram 90 reais, qual foi o preço de cada ingresso?

O preço de cada ingresso foi de _____ reais.

7 Elabore um problema que possa ser resolvido pela determinação de um valor desconhecido representado pelo quadrinho da igualdade a seguir:

$$5 + \blacksquare = 2 \times 10$$

cento e cinquenta e sete **157**

Cálculo mental

1 Tomas e Gisele estão brincando. Tomas entrega uma cartela com um número em destaque em uma linha e outros quatro números na segunda linha.

18			
1	2	6	1

Gisele, você deve fazer três cálculos, de maneira que o último resultado do cálculo seja a metade do número 18.

Os cálculos devem seguir as seguintes regras:
- Só podem ser usados dois dos quatro números da segunda linha em cada operação.
- Cada número só pode ser usado uma vez.
- O último cálculo deve ser realizado com os resultados dos dois cálculos anteriores.
- Podem ser utilizadas apenas as quatro operações básicas.

Veja ao lado a solução apresentada por Gisele.

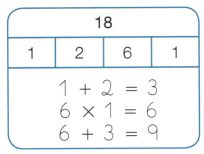

Aplique as regras desse jogo e complete os quadros considerando que o resultado seja:

a) a metade dos números em destaque.

24			
2	3	4	8

36			
5	2	6	1

b) o dobro dos números em destaque.

20			
2	5	6	8

15			
3	7	6	4

2 O carro de Geraldo consome 1 litro de gasolina para percorrer 9 quilômetros. Esse carro percorre 9 quilômetros em 6 minutos. Agora, faça o que se pede.

a) Complete.

Quilômetros	Tempo	Litros de gasolina
9 km	6 min	1 litro
27 km	_____ min	_____ litros
_____ km	_____ min	7 litros
_____ km	60 min = 1 h	_____ litros

b) Quantos minutos e quantos litros de gasolina o carro de Geraldo vai gastar para percorrer 27 quilômetros?

_____

c) Quantos quilômetros o carro de Geraldo percorre com 7 litros de gasolina? E quanto tempo ele leva para fazer esse percurso?

_____

d) De quantos litros de gasolina o carro de Geraldo precisa para se deslocar por uma hora? Quantos quilômetros ele consegue percorrer nesse período?

_____

3 Kelly gastou R$ 90,00 comprando uma camiseta e uma calça. O valor da calça foi o dobro do valor da camiseta. Calcule o valor que Kelly pagou em cada peça.
Registre como você pensou.

Camiseta: _____   Calça: _____

O que você aprendeu

1. Francisco tinha 3 cédulas de 100 reais e 4 de 20 reais. Ele gastou 50 reais. Qual expressão representa o dinheiro que Francisco ainda tem?

   a) ☐ (3 × 100 + 4 × 20) − (1 × 50)

   b) ☐ (3 × 100 + 4 × 20) − (50 + 1)

   c) ☐ 3 + 100 + 4 × 20 − (50 + 1)

   d) ☐ 3 × (100 + 20) − 50 + 1

2. O resultado da expressão numérica (9 − 5) × 2 + 10 ÷ 5 é:

   a) ☐ 13

   b) ☐ 6

   c) ☐ 18

   d) ☐ 10

3. Henrique contou os degraus de uma escada de 4 em 4, chegando ao topo na última contagem. Depois, ele contou os degraus de 5 em 5 e também chegou ao topo. Quantos degraus essa escada pode ter, no mínimo?

   a) ☐ 15
   b) ☐ 20
   c) ☐ 9
   d) ☐ 12

4. Se 3 × 9 = 27 e 1 × 27 = 27, então:

   a) ☐ 3 é múltiplo de 27.

   b) ☐ 1, 3, 9 e 27 são divisíveis por 27.

   c) ☐ 27 é múltiplo de 9.

   d) ☐ 27 é um número primo.

5. Alguns alunos de uma escola foram visitar uma área de proteção a tartarugas marinhas. Para fazer a visita com o guia, formaram-se grupos de 6 alunos. Havia 3 guias, e cada um orientou a visita de 5 grupos.

   No total, quantos alunos foram a essa visita?

   a) ☐ 18 alunos.

   b) ☐ 15 alunos.

   c) ☐ 90 alunos.

   d) ☐ 30 alunos.

Para responder às questões 6 e 7, leia o texto a seguir.

Uma empresa utilizou o espaço de um galpão para estabelecer a produção, o depósito e o escritório.

Metade desse espaço será ocupada pela produção e a outra metade será destinada ao depósito e ao escritório. O escritório ocupará um quarto dessa metade.

6 Qual é a relação entre o espaço ocupado pelo escritório e todo o galpão?

a) ☐ O escritório ocupará metade do galpão.

b) ☐ O escritório ocupará um quarto do galpão.

c) ☐ O escritório ocupará um oitavo do galpão.

d) ☐ O escritório ocupará um quinto do galpão.

7 Qual é a relação entre o espaço ocupado pelo depósito e todo o galpão?

a) ☐ O depósito ocupará metade do galpão.

b) ☐ O depósito ocupará três quartos da metade do galpão.

c) ☐ O depósito ocupará um quinto do galpão.

d) ☐ O depósito ocupará um quarto do galpão.

8 Nélson tem 28 bolinhas de gude e quer guardá-las em caixas com a mesma quantidade de bolinhas em cada uma, sem que sobrem bolinhas. Ele pode guardar suas bolinhas em caixas nas quais caibam:

a) ☐ 1, 2, 3 ou 28 bolinhas.

b) ☐ 1, 2, 4 ou 8 bolinhas.

c) ☐ 1, 2, 4, 7, 14 ou 28 bolinhas.

d) ☐ 1, 2, 4, 7 ou 15 bolinhas.

9 Sabendo que a balança mostrada a seguir está em equilíbrio, determine a massa, em grama, do livro.

a) ☐ 540 gramas.

b) ☐ 610 gramas.

c) ☐ 70 gramas.

d) ☐ 200 gramas.

Quebra-cuca

Quando perguntaram a Ricardo qual era o número de sua casa, ele respondeu que o número era o resultado da multiplicação de um número primo por ele mesmo. Qual pode ser o número da casa de Ricardo?

a) ☐ 9   c) ☐ 12

b) ☐ 30   d) ☐ 20

Para começar...

As crianças estão participando de uma aula de culinária.

- Para obter o rendimento de 40 porções do bolo de cenoura, qual será a quantidade necessária de óleo?

Para refletir...

Na lista dos ingredientes para o bolo de cenoura, há o número $2\frac{1}{2}$. O que você entende por essa representação?

1. Significado de frações

Leitura de frações

- Rute precisava de um quarto de litro de leite para fazer um doce. Ela dividiu 1 litro de leite em quatro porções iguais, ou seja, com a mesma quantidade, e separou apenas uma delas para fazer o doce.

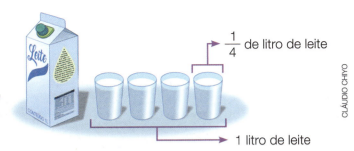

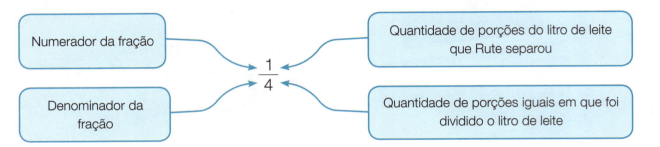

Para ler uma fração, é preciso conhecer seu denominador. Observe.

Frações que têm denominador de 2 a 9			
$\frac{1}{2}$ ▸ um meio ou meio	$\frac{2}{3}$ ▸ dois terços	$\frac{3}{4}$ ▸ três quartos	$\frac{1}{5}$ ▸ um quinto
$\frac{1}{6}$ ▸ um sexto	$\frac{5}{7}$ ▸ cinco sétimos	$\frac{1}{8}$ ▸ um oitavo	$\frac{4}{9}$ ▸ quatro nonos

Frações que têm denominador 10, 100 ou 1 000		
$\frac{1}{10}$ ▸ um décimo	$\frac{3}{100}$ ▸ três centésimos	$\frac{15}{1000}$ ▸ quinze milésimos

Algumas vezes precisamos usar a palavra **avos**. Veja alguns exemplos.

$\frac{7}{11}$ ▸ sete onze avos
$\frac{1}{12}$ ▸ um doze avos
$\frac{9}{20}$ ▸ nove vinte avos

Como lemos a fração que representa cada porção do litro de leite que Rute separou?

_____

 • Se Rute precisasse de $\frac{1}{5}$ (um quinto) de um litro de leite, como ela poderia fazer para obter essa porção?

Atividades

1 Para completar o acabamento do piso, Vladimir vai usar apenas parte de uma lajota de cerâmica.

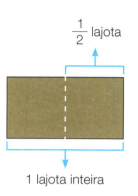

a) Que fração representa metade da lajota?

b) Se Vladimir dividisse a lajota em três partes de mesmo tamanho e usasse uma delas, que fração da lajota ele usaria?

2 Leia as frases abaixo e escreva como lemos a fração que aparece em cada uma delas.

a) Em $\frac{9}{10}$ de um cartaz, há um texto. No restante dele, há uma ilustração.

b) Foi feita uma pesquisa no Clube Verde e verificou-se que $\frac{11}{100}$ das pessoas não frequentam o clube no período noturno.

c) Um funcionário teve o direito de receber $\frac{5}{12}$ do seu salário quando foi demitido.

d) Os alunos do 5º ano arrecadaram $\frac{7}{9}$ dos agasalhos da campanha deste ano.

e) A campanha de vacinação foi um sucesso! $\frac{89}{90}$ dos alunos tomaram a vacina.

- Reúna-se com um colega e conversem sobre o que significa cada fração nessas frases.

Fração de uma quantidade

Antônio convidou 50 pessoas para comemorar seu aniversário em sua casa.

Conferindo a lista de convidados, percebeu que $\frac{2}{5}$ dessas pessoas eram homens e $\frac{3}{5}$ eram mulheres.

a) Quantos homens foram convidados?

Para saber a quantidade de homens, calculamos $\frac{2}{5}$ de 50.

Para calcular $\frac{1}{5}$ de 50, basta dividir 50 por 5. Então, $\frac{1}{5}$ de 50 é igual a _____. Depois, para calcular $\frac{2}{5}$ de 50, basta calcular o resultado de 2 vezes ___10___.

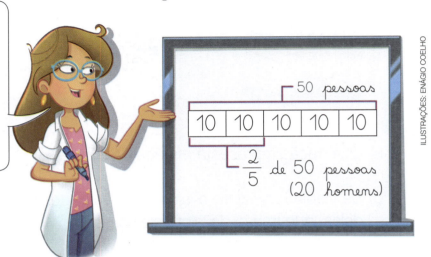

Portanto, _____ homens foram convidados para a festa de Antônio.

b) Quantas mulheres foram convidadas?

Para saber a quantidade de mulheres, calculamos $\frac{3}{5}$ de 50.
Sabemos que $\frac{1}{5}$ de 50 é igual a _____.
Então, $\frac{3}{5}$ de 50 = 3 × _____ = _____.
Portanto, _____ mulheres foram convidadas para a festa de Antônio.

Atividades

1 Amélia usou $\frac{3}{4}$ das 24 rosas do canteiro para fazer um lindo buquê.

Quantas rosas ela usou para fazer esse buquê?

_____

2 Na escola de Valéria, 56 crianças se inscreveram para ir a uma excursão. No dia da excursão, $\frac{1}{7}$ dessas crianças não pôde comparecer. Agora, responda.

a) Quantas crianças não foram à excursão?

_____

b) Se $\frac{4}{7}$ das crianças inscritas eram meninas, quantas meninas se inscreveram para ir à excursão?

_____

3 Responda às questões.

a) $\frac{1}{5}$ de  corresponde a quantas laranjas? _____

b) $\frac{1}{4}$ de  corresponde a quantos envelopes? _____

c) $\frac{2}{8}$ de  correspondem a quantos envelopes? _____

d) Que fração de 80 envelopes corresponde a uma quantidade maior de envelopes: $\frac{1}{4}$ ou $\frac{2}{8}$?

_____

4 Um livro tem 40 páginas, e Felipe leu $\frac{3}{4}$ delas.

a) A quantidade de páginas que falta para Felipe ler corresponde a que fração do total de páginas desse livro? ☐

b) Faltam quantas páginas para Felipe terminar de ler esse livro?

_____

cento e sessenta e sete

Fração que representa um número natural

- Observe o que aconteceu na casa de Bernardo e Kauã e, em seguida, faça o que se pede.

a) Bernardo comeu a torta inteira? _____

b) $\dfrac{4}{4}$ da torta são o mesmo que _____ torta inteira.

c) $\dfrac{4}{4}$ representam 1 inteiro (ou 1 unidade) ▶ $\dfrac{4}{4}$ = _____

- Agora, observe como representamos com uma fração a quantidade de figuras pintadas e complete.

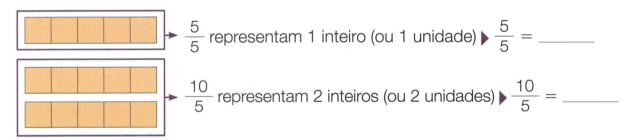

$\dfrac{5}{5}$ representam 1 inteiro (ou 1 unidade) ▶ $\dfrac{5}{5}$ = _____

$\dfrac{10}{5}$ representam 2 inteiros (ou 2 unidades) ▶ $\dfrac{10}{5}$ = _____

Frações que representam números naturais são chamadas de **frações aparentes**.

Atividades

1 Escreva uma fração aparente para representar a quantidade de figuras pintadas em cada caso.

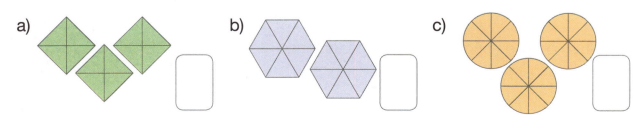

a)   b)   c)

2 Em cada fração aparente, divida o numerador pelo denominador e descubra o número natural que ela representa.

a) $\dfrac{12}{4}$ = _12 ÷ 4_ = _3_

b) $\dfrac{21}{3}$ = _____ = ____

c) $\dfrac{10}{2}$ = _____ = ____

d) $\dfrac{20}{5}$ = _____ = ____

e) $\dfrac{24}{6}$ = _____ = ____

f) $\dfrac{36}{4}$ = _____ = ____

3 Escreva duas frações aparentes para representar cada número.

a) 1

b) 2

c) 3

d) 4

4 Leia o diálogo entre Alice e Tânia e responda às questões.

a) Tânia interpretou corretamente o que Alice falou? Justifique.

b) Represente por uma fração aparente as 6 metades de queijo.

5 Desenhe no caderno figuras para representar cada fração aparente.

a)  $\dfrac{9}{3}$

b)  $\dfrac{12}{6}$

c) 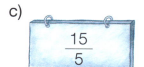 $\dfrac{15}{5}$

d) 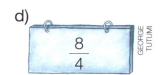 $\dfrac{8}{4}$

Fração como representação de quociente

Tia Olinda dividiu igualmente 2 barras de chocolate entre seus 3 sobrinhos. Que fração corresponde à parte da barra de chocolate que cada sobrinho recebeu?

Primeiro, ela dividiu cada barra de chocolate em __3__ pedaços iguais.

Cada pedaço corresponde a ▢ de 1 barra de chocolate.

Depois, como havia 6 pedaços e 3 sobrinhos, cada um recebeu ____ pedaços.

$\frac{2}{3}$ de 1 barra $\frac{2}{3}$ de 1 barra $\frac{2}{3}$ de 1 barra

A fração $\frac{2}{3}$ é o quociente de _____.

Os 2 pedaços de barra de chocolate que cada sobrinho recebeu correspondem a ▢ de 1 barra.

Atividades

1) Lúcia vai dividir 1 maçã igualmente entre 2 pessoas. Escreva uma fração para representar a parte da maçã que cada pessoa receberá. ▢

2) Um feirante dividiu 1 melancia em 4 partes de mesmo tamanho e vendeu uma parte para cada cliente.

a) Que fração representa a parte da melancia que cada um dos clientes comprou? ▢

b) A fração que você escreveu é resultado de qual divisão: 1 ÷ 4 ou 4 ÷ 1? _____

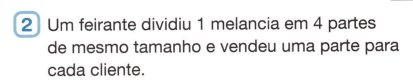

3 Magda tem 4 folhas de cartolina para dividir igualmente entre 6 alunos, e não pode haver sobra.

Para isso, ela dividiu cada folha em 6 partes iguais.

a) Usando 6 cores diferentes, pinte as partes de cartolina que cada aluno recebeu.

b) Escreva uma fração que represente a quantidade de folha que cada aluno recebeu.

4 Rafaela usa uma fôrma retangular para fazer as tortas de frango que ela vende. A torta é vendida inteira ou cortada de acordo com o pedido do cliente. Veja a representação de dois tipos de divisão que ela costuma fazer.

Tipo 1

Tipo 2

a) Que fração da torta representa cada pedaço do Tipo 1?

_____

b) Que fração da torta representa cada pedaço do Tipo 2?

_____

Os elementos nesta página não estão apresentados em escala de tamanho.

5 Considere a quantia de 1 real.

Que fração de 1 real vale:

a) uma moeda de 5 centavos? _____

b) uma moeda de 10 centavos? _____

c) uma moeda de 25 centavos? _____

d) uma moeda de 50 centavos? _____

Número misto

- Fabíola dividiu igualmente 4 *pizzas* do tipo brotinho entre seus 3 filhos e não houve sobra. Quanto de *pizza* cada filho recebeu?

Primeiro, Fabíola deu __1__ *pizza* para cada filho.

Sobrou ____ *pizza*.

Depois, Fabíola deu mais $\frac{1}{3}$ da *pizza* para cada um.

Cada filho recebeu ____ *pizza* inteira mais ☐ de *pizza*.

__1__ *pizza* mais $\frac{1}{3}$ de *pizza* pode ser representado por

$1 + \frac{1}{3}$ ou $1\frac{1}{3}$ de *pizza*.

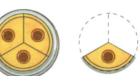

$1\frac{1}{3}$ de *pizza* ou $1\frac{1}{3}$ *pizza*
→ 1 *pizza* inteira
→ $\frac{1}{3}$ de 1 *pizza*

Lemos ▶ 1 *pizza* e $\frac{1}{3}$ de *pizza*

$1\frac{1}{3}$ é um número **misto**, ou seja, ele é formado por um número natural (parte inteira) e uma fração da unidade.

Veja como um número misto pode ser representado por uma fração.

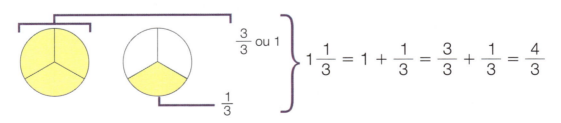

$\frac{3}{3}$ ou 1

$\frac{1}{3}$

$1\frac{1}{3} = 1 + \frac{1}{3} = \frac{3}{3} + \frac{1}{3} = \frac{4}{3}$

Então, cada filho recebeu ☐ de *pizza* ou ☐ de *pizza*.

Atividades

1) Marque com um **X** a figura que representa $2\dfrac{1}{3}$ de chocolate, sabendo que corresponde a 1 chocolate.

a) ☐   b) ☐   c) ☐

2) Represente com um número misto a parte pintada em cada caso.

a) 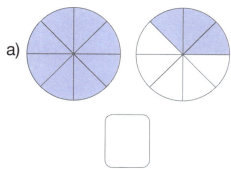   ☐

b) 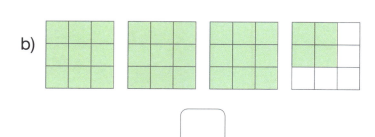   ☐

3) Sabendo que Nílson repartiu igualmente 3 folhas entre 2 pessoas, responda.

a) Quanto de folha cada uma recebeu? _____

b) A quantidade que cada uma recebeu é maior ou menor que $1\dfrac{1}{4}$ de folha? Justifique.

_____

_____

4) Ana usou $2\dfrac{1}{2}$ xícaras de açúcar para fazer um bolo. De quantas xícaras de açúcar ela precisaria para fazer dois desses bolos? _____

5) Veja a seguir como Isabel representou um número misto com uma fração.

$$1\dfrac{1}{6} = 1 + \dfrac{1}{6} = \dfrac{6}{6} + \dfrac{1}{6} = \dfrac{7}{6}$$

- Represente com uma fração cada número misto da mesma forma que Isabel.

a) $1\dfrac{3}{5} =$

b) $2\dfrac{1}{4} =$

c) $3\dfrac{4}{7} =$

d) $4\dfrac{1}{6} =$

cento e setenta e três **173**

Análise de frações

Frações equivalentes

- Hélio, Lúcia e Sílvia desenharam figuras iguais. Observe como cada um as dividiu em partes iguais e pintou uma ou mais partes de azul e complete.

Desenho de Hélio	Desenho de Lúcia	Desenho de Sílvia
Hélio dividiu sua figura em 2 partes iguais e pintou 1 parte.	Lúcia dividiu sua figura em 4 partes iguais e pintou 2 partes.	Sílvia dividiu sua figura em 8 partes iguais e pintou 4 partes.
Hélio pintou $\frac{1}{2}$ da figura.	Lúcia pintou _____ da figura.	Sílvia pintou _____ da figura.

$\frac{1}{2}$ da figura, $\frac{2}{4}$ da figura e $\frac{4}{8}$ da figura representam a mesma parte da figura, ou seja, a metade dela.

> As frações que representam uma mesma parte de um todo são chamadas de **frações equivalentes**.

Então, podemos dizer que $\frac{1}{2}$, $\frac{2}{4}$ e $\frac{4}{8}$ são frações equivalentes.

Indicamos desta forma: ou ou ou $\frac{1}{2} = \frac{2}{4} = \frac{4}{8}$

- Veja como Lucas obteve outras frações equivalentes.

Multipliquei por ___5___ o numerador e o denominador de uma fração e escrevi outra fração.

Dividi por _____ o numerador e o denominador de uma fração e escrevi outra fração.

$\dfrac{1}{2}$ e $\dfrac{5}{10}$ são frações equivalentes.

$\dfrac{3}{6}$ e $\dfrac{1}{2}$ são frações equivalentes.

Ao multiplicar ou dividir o numerador e o denominador de uma fração por um mesmo número diferente de zero, obtemos uma fração equivalente.

Atividades

1 Complete para obter frações equivalentes.

a) $\dfrac{1}{8} = \dfrac{2}{16}$ (× 2)

b) $\dfrac{2}{3} = \underline{}$ (× 3)

c) $\dfrac{4}{16} = \underline{}$ (÷ 4)

d) $\dfrac{6}{15} = \underline{}$ (÷ 3)

e) $\dfrac{3}{8} = \underline{}$

f) $\dfrac{10}{100} = \underline{}$

g) $\dfrac{15}{25} = \dfrac{3}{}$

h) $\dfrac{}{14} = \dfrac{4}{7}$

cento e setenta e cinco

2 Escreva uma fração para representar a parte colorida de cada figura.

a) 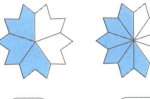 b)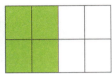

- Observando essas figuras, que frações equivalentes você identifica?

 =   =

3 Pinte a parte da figura que corresponde a cada fração e responda.

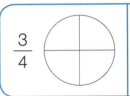  

Quais dessas frações são equivalentes? _____

Atividade interativa — *Frações equivalentes*

4 Destaque as tiras da Ficha 9 e faça o que se pede.

a) Quantos pedaços de $\frac{1}{4}$ da tira são necessários para cobrir, sem falta e sem sobra, um dos pedaços de $\frac{1}{2}$ da tira? _____

b) Quantos pedaços de $\frac{1}{6}$ da tira são necessários para cobrir, sem falta e sem sobra, um dos pedaços de $\frac{1}{3}$ da tira? _____

c) Marque com **V** (verdadeiro) ou **F** (falso) as sentenças a seguir.

☐ $\frac{3}{6}$ da tira azul-clara são o mesmo que $\frac{1}{2}$ da tira roxa.

☐ $\frac{8}{10}$ da tira rosa são o mesmo que $\frac{7}{9}$ da tira laranja.

d) Crie uma pergunta para ser respondida usando as tiras de fração.

_____

_____

5 Ivo e Noely estão resolvendo os mesmos problemas de Matemática.

- Quantos problemas cada um resolveu? Justifique sua resposta.

_____

_____

6 Escreva uma fração equivalente em cada caso.

a) $\dfrac{6}{16} = \boxed{}$ b) $\dfrac{5}{9} = \boxed{}$ c) $\dfrac{15}{30} = \boxed{}$

7 Responda às questões.

a) Que fração é equivalente a $\dfrac{1}{10}$ e tem denominador 20? $\boxed{}$

b) Que fração é equivalente a $\dfrac{3}{4}$ e tem denominador 8? $\boxed{}$

8 Complete as frases.

a) As frações $\boxed{}$ e $\boxed{}$ são frações equivalentes a $\dfrac{2}{6}$.

b) As frações $\boxed{}$ e $\boxed{}$ são frações equivalentes a $\dfrac{7}{14}$.

9 Ivan, Juarez e Denílson estudam na mesma sala. Dois deles estão dizendo a mesma coisa sobre a quantidade de meninas da sala, só que de formas diferentes. Quem são os dois? Justifique sua resposta usando frações.

Ivan: De cada 6 alunos, 4 são meninas.

Juarez: De cada 5 alunos, 3 são meninas.

Denílson: De cada 10 alunos, 6 são meninas.

cento e setenta e sete 177

Comparação de frações

Em uma aula de Educação Física, os alunos realizaram um treino de corrida. Nesse treino, Elias chegou até o meio da pista, Grazielle correu $\frac{3}{4}$ dessa pista e Kleiton alcançou $\frac{4}{5}$ da pista. Observe o esquema e faça o que se pede.

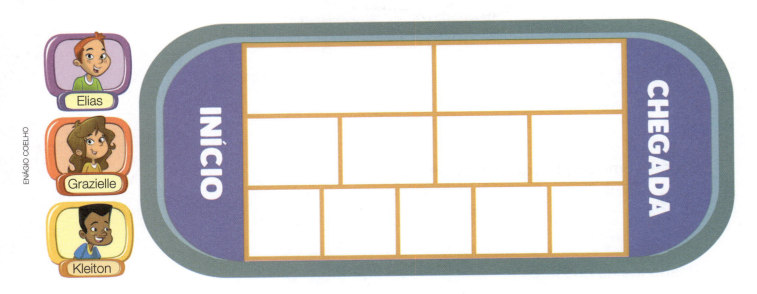

a) Pinte o caminho que cada aluno percorreu.

b) Quem percorreu a maior distância? _____

c) Quem percorreu a menor distância? _____

Ao **comparar** duas ou mais frações com o **mesmo denominador**, a maior fração será aquela com o maior numerador. Se compararmos as frações $\frac{1}{4}$ e $\frac{3}{4}$, veremos que $\frac{1}{4} < \frac{3}{4}$, porque 1 < 3, ou $\frac{3}{4} > \frac{1}{4}$, porque ___ > ___.

Ao comparar duas ou mais frações com **denominadores diferentes**, precisamos **igualar** os denominadores, utilizando frações equivalentes, e, depois, comparamos os numeradores.

Para compararmos as frações $\frac{2}{5}$ e $\frac{1}{3}$, vamos formar frações equivalentes a elas que tenham o mesmo denominador.

$\frac{2}{5}$ ─── (× 3, × 3)

$\frac{1}{3}$ ─── (× 5, × 5)

Logo, $\frac{6}{15} > \frac{5}{15}$.

Portanto, $\frac{2}{5}$ ☐ $\frac{1}{3}$.

178 cento e setenta e oito

Atividades

1. Observe as figuras e escreva uma fração para cada uma. Em seguida, compare cada par de frações e complete com <, > ou =.

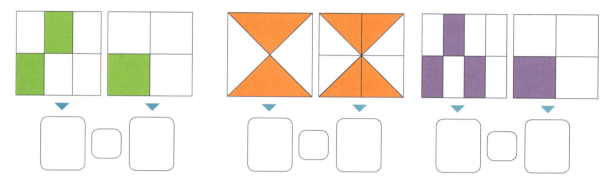

2. Analise as informações a seguir e faça o que se pede.

Programa de televisão assistido por Otávio	Quantidade de horas
Desenho	$\dfrac{4}{3}$ de hora
Esporte	$\dfrac{3}{4}$ de hora
Noticiário	$\dfrac{1}{2}$ de hora

a) A qual programa Otávio assistiu por mais tempo? _____

b) Analise as frações de hora em que Otávio assistiu aos programas de televisão e escreva-as em ordem crescente. _____

3. Clara pintou $\dfrac{1}{4}$ de uma figura, e João pintou $\dfrac{1}{4}$ de outra figura. Quem pintou um pedaço maior? Por quê?

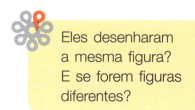

Eles desenharam a mesma figura? E se forem figuras diferentes?

4. Resolva os problemas dos adesivos 1 a 3 da Ficha 17.

Compreender problemas

Para resolver

Problema 1

Heloísa adora fazer tortas. As tortas que ela faz têm sempre forma circular e uma marca de palito que mostra seu centro. Para dividi-las em pedaços, que não precisam ser do mesmo tamanho, Heloísa sempre faz cortes em linha reta passando pelo centro da torta.

1 corte
2 pedaços

2 cortes
4 pedaços

3 cortes
6 pedaços

- Quantos cortes Heloísa precisa fazer em uma torta para obter 12 pedaços?

_____

Problema 2

Observe a sequência de figuras abaixo.

Figura 1   Figura 2   Figura 3   Figura 4

 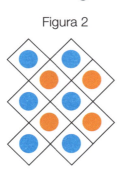 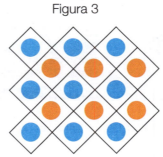 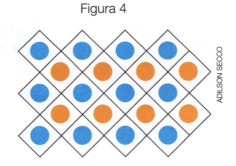

a) Qual é o padrão (figura que se repete) dessa sequência? _____

b) Seguindo esse padrão, quantas bolinhas laranja haveria na figura que tivesse 18 bolinhas azuis? _____

c) E quantas bolinhas azuis haveria na figura que tivesse 16 bolinhas laranja?

_____

Para refletir

1) Compare sua solução do *Problema 1* com a de um colega. Algum de vocês usou desenhos para resolvê-lo?

2) Luciano usou um quadro para buscar uma regularidade e chegar à solução do *Problema 1*.

Quantidade de cortes	Quantidade de pedaços
1	2
2	4
3	6
4	8
5	10

- Na sua opinião, esse quadro ajuda a resolver o problema? Você percebe alguma regularidade que permita resolvê-lo? _____

3) Veja como Karine pretende resolver o item **b** do *Problema 2*.

Para obter 18 bolinhas azuis, eu preciso de 6 figuras iguais à figura 1. Agora, vou fazer uma única operação e chegar à quantidade de bolinhas laranja.

Figura 1

- Na sua opinião, que operação Karine deve fazer para chegar à quantidade de bolinhas laranja? _____

TEMA 3 — Operações com frações e porcentagem

Adição e subtração

- Bento vai pintar uma cerca formada por 8 tábuas de mesmo tamanho. De manhã, ele vai pintar 5 tábuas dessa cerca e à tarde vai pintar mais 2 tábuas.

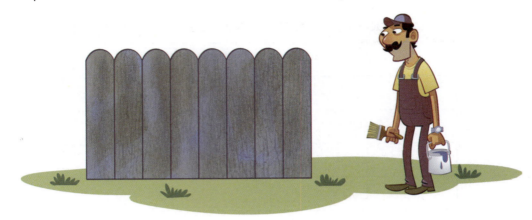

a) Que fração da cerca ele pintará nesse dia?

De manhã, Bento pintará ____ tábuas da cerca; à tarde, pintará mais ____ tábuas.

Ao todo, ele pintará ____ tábuas da cerca.

As 5 tábuas que ele pintará de manhã correspondem a $\frac{5}{8}$ da cerca, e as 2 tábuas que pintará à tarde correspondem a ☐ da cerca.

$\frac{5}{8} + \frac{2}{8} =$ ☐

Ao todo, Bento pintará ☐ da cerca nesse dia.

b) Quanto ainda faltará pintar?

Se Bento pintará hoje __7__ das __8__ tábuas, então sobrará ____ tábua da cerca.

A cerca inteira pode ser representada pela fração $\frac{8}{8}$.

$\frac{8}{8} - \frac{7}{8} =$ ☐

Faltará pintar ☐ da cerca.

- Priscila plantou árvores frutíferas em seu terreno. Em $\frac{1}{3}$ do terreno, ela plantou laranjeiras e, em $\frac{1}{4}$ do mesmo terreno, goiabeiras.

    a) Que fração do terreno representa a parte em que foram plantadas as laranjeiras e goiabeiras?

    Veja como Rebeca calculou o resultado da adição $\left(\frac{1}{3} + \frac{1}{4}\right)$ do terreno de Priscila.

    Como essas frações não têm denominadores iguais, primeiro obtive frações equivalentes a $\frac{1}{3}$ e a $\frac{1}{4}$.

    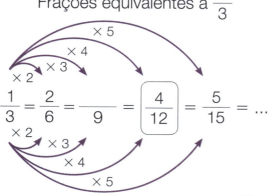

    Frações equivalentes a $\frac{1}{3}$

    $\frac{1}{3} = \frac{2}{6} = \frac{}{9} = \boxed{\frac{4}{12}} = \frac{5}{15} = \ldots$

    Frações equivalentes a $\frac{1}{4}$

    $\frac{1}{4} = \frac{}{8} = \boxed{\frac{3}{12}} = \frac{4}{16} = \ldots$

    Depois, substituí $\frac{1}{3}$ e $\frac{1}{4}$ por frações equivalentes com denominadores iguais.

    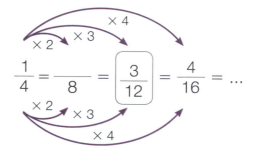

    Equivalentes

    $\frac{1}{3} + \frac{1}{4} = \frac{}{12} + \frac{}{12} = \frac{}{12}$

    Equivalentes

    Então, a plantação de laranjeiras e goiabeiras representa $\boxed{}$ do terreno.

    b) O restante do terreno ainda não possui árvores plantadas. Que fração representa essa parte sem plantação?

    O terreno inteiro pode ser representado pela fração $\frac{}{12}$.

    A parte com árvores plantadas representa $\boxed{}$ do terreno.

    $\frac{12}{12} - \frac{}{12} = \frac{}{12}$

    A parte sem árvores plantadas é igual a $\boxed{}$ do terreno.

Atividades

1 Bruna pintou a parte verde, e Gustavo pintou a parte laranja de algumas figuras. Escreva uma adição para representar as partes pintadas de cada figura.

a)

$\square + \dfrac{2}{4} = \square$

b)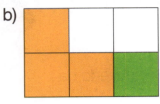

$\square + \square = \square$

c)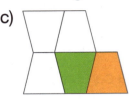

$\square + \square = \square$

2 Calcule a massa de cada saco e complete.

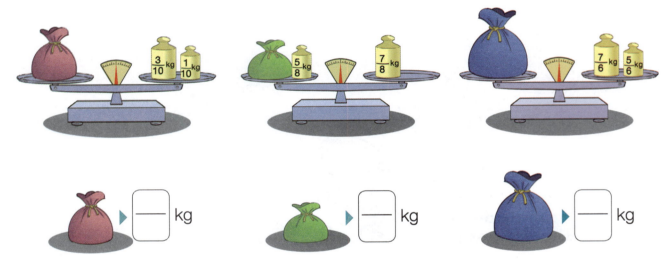

3 Rafaela vai a uma excursão que durará 9 horas. Ela sabe que, dessas 9 horas, 2 horas serão usadas para visitar uma cachoeira e 3 horas para conhecer o centro histórico de uma cidade.

a) Que fração do total de horas será gasta, ao todo, na visita à cachoeira e ao centro histórico da cidade? $\square$

b) Que fração do tempo total da excursão sobrará para outras atividades? $\square$

4 Marque com um **X** as operações cujo resultado seja 1.

a) $\square$ $\dfrac{1}{5} + \dfrac{4}{5}$

b) $\square$ $\dfrac{8}{10} + \dfrac{2}{10}$

c) $\square$ $\dfrac{3}{7} + \dfrac{2}{7}$

d) $\square$ $\dfrac{18}{20} - \dfrac{2}{20}$

e) $\square$ $\dfrac{8}{8} - 1$

f) $\square$ $\dfrac{5}{5} - 0$

5 Observe as figuras e encontre o resultado da adição e da subtração das frações.

a) $\dfrac{3}{4} + \dfrac{2}{8} =$ ⬚

b) $\dfrac{3}{4} - \dfrac{2}{8} =$ ⬚

6 Calcule o resultado de cada adição e de cada subtração.

a) $\dfrac{1}{3} - \dfrac{1}{4} = \dfrac{}{12} - \dfrac{}{12} = \dfrac{}{12}$

b) $\dfrac{7}{9} - \dfrac{1}{3} = \dfrac{}{9} - \dfrac{}{9} = \dfrac{}{9}$

c) $\dfrac{3}{5} + \dfrac{1}{10} = \dfrac{}{} + \dfrac{}{} = \dfrac{}{}$

d) $\dfrac{3}{4} - \dfrac{3}{6} = \dfrac{}{} - \dfrac{}{} = \dfrac{}{}$

e) $\dfrac{5}{8} - \dfrac{1}{2} = \dfrac{}{} - \dfrac{}{} = \dfrac{}{}$

f) $\dfrac{3}{7} + \dfrac{2}{21} = \dfrac{}{} + \dfrac{}{} = \dfrac{}{}$

7 Arthur comprou um pacote com 8 biscoitos.
De manhã, ele comeu $\dfrac{3}{8}$ dos biscoitos e, à tarde, mais $\dfrac{1}{4}$ desses biscoitos.

a) Que fração dos biscoitos Arthur não comeu? ⬚

b) Quantos biscoitos ele não comeu?
_____

8 Virgínia tomará $\dfrac{1}{5}$ do suco da jarra ao lado, e César tomará $\dfrac{3}{10}$ do suco dessa jarra.

a) Que fração do total de suco restará na jarra? ⬚

b) Essa fração corresponde a mais ou a menos que a metade do suco que há na jarra?
_____

9 Resolva as atividades propostas nos adesivos 4 e 5 da Ficha 17.

cento e oitenta e cinco

Multiplicação com fração

- Um melão foi dividido em 8 fatias de mesmo tamanho. Três amigos, Emily, Hudson e Nícolas, comeram 2 fatias do melão cada um. Que fração do melão eles comeram?

Cada amigo comeu $\frac{2}{8}$ do melão.

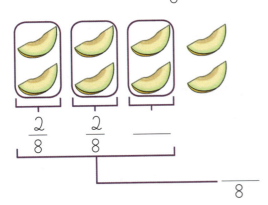

Os 3 amigos juntos comeram $\underline{\ 3\ }$ vezes $\frac{2}{8}$ do melão.

$3 \times \frac{2}{8} = \frac{2}{8} + \frac{\ }{8} + \frac{\ }{8} = \frac{\ }{8}$

Emily, Hudson e Nícolas comeram, juntos, ☐ do melão.

- Igor tem 3 tábuas de mesmo comprimento e mesma largura. Ele vai separar a metade delas para fazer uma estante. Que fração de tábua Igor usará para fazer a estante?

Vamos calcular $\frac{1}{2}$ de 3, ou seja, $\frac{1}{2} \times 3$.

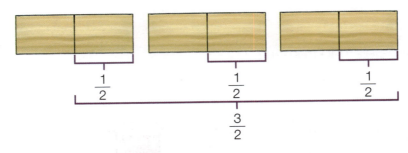

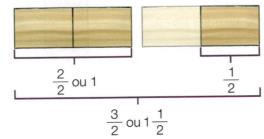

Então, $\frac{1}{2}$ de 3 é o mesmo que $\frac{1}{2} \times 3 = $ ☐ ou $1\frac{1}{2}$.

Igor usará ☐ ou ☐ de tábua para fazer a estante.

Atividades

1 Complete.

a) $5 \times \dfrac{1}{7} = \dfrac{}{7} + \dfrac{}{7} + \dfrac{}{7} + \dfrac{}{7} + \dfrac{}{7} = \dfrac{}{7}$

b) $\underline{} \times \dfrac{1}{4} = \dfrac{}{} + \dfrac{}{} + \dfrac{}{} + \dfrac{}{} = \dfrac{}{}$

2 Pinte e complete.

a) $\dfrac{2}{5}$ de $3 = \dfrac{6}{5}$

b) $\dfrac{3}{4}$ de $2 = \underline{}$

c) $\dfrac{5}{8}$ de $3 = \underline{}$

3 Emerson fez um bolo de cenoura e, após cortá-lo em 16 pedaços iguais, guardou-o na geladeira. Cada vez que ia à cozinha, ele comia 2 pedaços desse bolo.

Que fração do bolo Emerson comeu se ele foi 3 vezes à cozinha?

Emerson comeu $\boxed{}$ do bolo.

4 Calcule.

a) $4 \times \dfrac{3}{5} = \underline{}$

b) $2 \times \dfrac{2}{9} = \underline{}$

c) $\dfrac{1}{4}$ de $3 = \underline{} \times \dfrac{3}{} = \dfrac{}{4}$

d) $\dfrac{1}{7}$ de $6 = \underline{} \times \underline{} = \underline{}$

e) $\dfrac{1}{6}$ de $\dfrac{2}{3} = \underline{} \times \underline{} = \underline{}$

f) $\dfrac{1}{5}$ de $\dfrac{1}{7} = \underline{} \times \underline{} = \underline{}$

5 Resolva as atividades propostas nos adesivos 6 e 7 da Ficha 17.

Vamos jogar?

Completando inteiros

PARA JOGAR MUITAS VEZES

Material: Cartas das Fichas 10 e 11 e Tabuleiro C.

Jogadores: 4 (duas duplas).

Regras:

- As cartas devem ser embaralhadas e distribuídas de modo que cada dupla fique com 5 delas. As cartas que sobrarem devem ser viradas para baixo e colocadas no monte para compras.
- As cartas de cada dupla devem ficar viradas para cima, para que todos possam vê-las.
- Na sua vez, as duplas devem comprar uma carta do monte ou da área comum (se existirem cartas nessa área) e avaliar se há alguma combinação de cartas (duas ou mais) que, adicionadas, resultem em um inteiro.
- Se a dupla formar um inteiro, as cartas usadas devem ser posicionadas sobre a área marcada no tabuleiro como "Inteiro".
- Quando a dupla não tiver cartas para montar um inteiro, deve passar a vez. Para isso, é preciso estar com no máximo 5 cartas em sua área do tabuleiro. Se a dupla estiver com mais de 5 cartas, deve escolher a carta extra que será descartada, virada para cima, na área comum.
- Vence o jogo a dupla que completar quatro inteiros ou a que tiver mais inteiros, caso não seja possível finalizar a partida por falta de cartas.

Veja se entendeu

Daiane e Vicente escolheram as cartas ao lado para completar um inteiro.

As duas cartas formam um inteiro? Justifique sua resposta.

_____

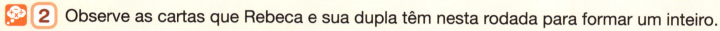

Depois de jogar

1 Analise as cartas do jogo e escreva quatro adições que resultem em um inteiro.

2 Observe as cartas que Rebeca e sua dupla têm nesta rodada para formar um inteiro.

- Se a dupla de Rebeca escolheu a carta com a fração $\frac{5}{10}$, que outra carta pode ser usada para completar um inteiro?

3 Quais cartas não apresentam frações equivalentes às outras cartas do jogo?

4 Observe as cartas dispostas no tabuleiro do jogo de Lucas e sua dupla.
Descreva qual pode ser a jogada da dupla nesta rodada para formar um inteiro.

Porcentagem

- Bruno trabalha em uma fábrica de chocolates. A figura ao lado representa a fôrma na qual Bruno despejou o chocolate derretido para resfriá-lo. Que fração da fôrma foi preenchida por chocolate?

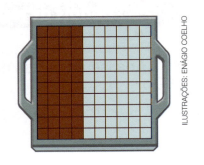

As 40 partes de uma fôrma com 100 partes iguais podem ser representadas pela fração ▢ ou por **40%**.

$\dfrac{40}{100}$ ▶ lemos: quarenta centésimos.

40% ▶ lemos: **quarenta por cento**, que é o mesmo que quarenta em cada cem. O símbolo que indica porcentagem é %. Dizemos que 40% é uma **porcentagem**.

Podemos, então, dizer que $\dfrac{40}{100}$ ou 40% da fôrma está preenchida com chocolate.

Agora, responda: que porcentagem da fôrma não ficou preenchida com chocolate?

_____

- Adriana ganhou um prêmio de 300 reais por ter sido a melhor vendedora do mês na loja em que trabalha. Ela decidiu dar 10% do prêmio a seu filho Gabriel. Adriana vai dar 10% de 300 reais, ou seja, 10 reais de cada 100 reais que ganhou, como mostrado no esquema a seguir.

Agora, responda: se Adriana desse 20% do prêmio para Gabriel, quantos reais ele ganharia? _____

190 cento e noventa

Atividades

1) Reescreva as frases a seguir usando porcentagem.

a) 5 em cada 100 cães. ▶ 5% dos cães.

b) 18 em cada 100 crianças. ▶ _____

c) $\frac{25}{100}$ das flores do jardim. ▶ _____

2) Havia 100 encomendas para serem distribuídas por um entregador. Apenas 5 delas não foram entregues, porque as pessoas não estavam em casa. Que porcentagem das encomendas não foi entregue?

3) Leia o que o vendedor Ricardo disse e, depois, responda às questões.

"Se você pagar esta TV à vista, terá 25% de desconto sobre o preço anunciado."

a) De quantos reais é esse desconto?

b) Calcule o preço dessa TV se ela for paga à vista.

c) Agora, conte aos colegas e ao professor como você pensou para responder aos itens anteriores.

4 Calcule o valor do desconto em cada situação e represente-o, pintando a barra. Depois, responda às questões.

a)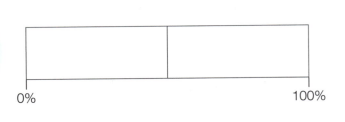

- Bruna comprou a impressora à vista.

  De quantos reais foi o desconto? _____

- Qual foi o valor pago pela impressora? _____

b)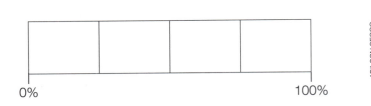

- Filomena comprou a máquina de lavar com desconto.

  De quantos reais foi o desconto? _____

- Quanto ela pagou pela máquina de lavar? _____

c)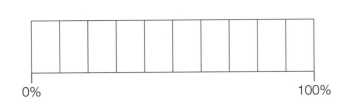

- Penélope comprou a blusa com desconto.

  De quantos reais foi o desconto? _____

- Quanto ela pagou pela blusa? _____

5. Murilo recebe mesada de seus pais. Da quantia recebida, ele gasta 60% na cantina da escola, 15% com a assinatura de um jogo *on-line*, 15% com despesas diversas e o restante, 10 reais, ele guarda em um cofrinho.

- Agora, em dupla, responda às questões.

   a) Quantos reais Murilo usa na cantina da escola?
   _____

   b) Qual é a porcentagem da mesada que Murilo guarda no cofrinho? _____

   c) Que quantia Murilo recebe de seus pais mensalmente?
   _____

6. Em um teste com 20 questões, Eduarda respondeu corretamente a $\dfrac{15}{20}$ do total. Que porcentagem representa essa fração? Escreva ou desenhe como você pensou.

_____

7. Dalva quer calcular 25% de 1120 com sua calculadora, mas as teclas %, 5 e × estão quebradas.

   a) Desenhe as teclas que você apertaria para saber o resultado desse cálculo.

   b) Qual é o resultado do cálculo? _____

cento e noventa e três **193**

A Matemática me ajuda a ser...

... uma pessoa preocupada com a extinção das espécies

Há cerca de 9 milhões de espécies na Terra, entre animais, plantas e outros seres vivos. As espécies ameaçadas de extinção sofrem com os problemas ambientais e com a ação predatória do ser humano.

Espécie ameaçada

É uma população que está desaparecendo a ponto de entrar em extinção. A União Internacional para a Conservação da Natureza e dos Recursos Naturais (IUCN) divulgou um documento, chamado Lista Vermelha, que mostra a situação de milhares de espécies. Até 2017, a lista englobava mais de 79 mil tipos de seres vivos.

RISCOS DE EXTINÇÃO

Categorias de baixo risco – Entram nesse grupo as espécies que não correm risco hoje e algumas que podem correr risco no futuro.

- LC Pouco preocupante
- NT Quase ameaçada

Categorias de ameaça – Quase $\frac{1}{4}$ das espécies catalogadas na lista sofre algum tipo de ameaça de extinção.

- VU Vulnerável
- EN Em perigo
- CR Em perigo crítico

Categorias de extinção – Esse grupo inclui espécies já extintas, ou que têm poucos indivíduos em cativeiro ou fora de seu hábitat.

- EW Extinta na natureza
- EX Extinta

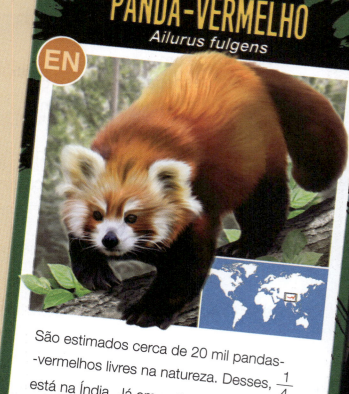

PANDA-VERMELHO
Ailurus fulgens

EN

São estimados cerca de 20 mil pandas-vermelhos livres na natureza. Desses, $\frac{1}{4}$ está na Índia. Já em cativeiro, há registro de 759 indivíduos.

MILU
Elaphurus davidianus

EW

Essa espécie desapareceu da natureza em 1900, mas ainda existia em cativeiros. Desde 1985, já foram devolvidos à natureza mais de 200 milus na China. Em 2015, havia cerca de 700 na natureza.

CAÇÃO-QUATI
Isogomphodon oxyrhynchus

CR

A partir da década de 1990, o número de cações-quati nas águas brasileiras diminuiu para $\frac{1}{10}$ da quantidade original. Estima-se que esse peixe possa entrar em extinção nos próximos anos.

PINGUIM-DO-CABO
Spheniscus demersus

VU

Em 2007, havia 120 mil pinguins-do-cabo. Em 2015, essa população era de 50 mil. A diminuição do alimento disponível, o derramamento de óleo no oceano e a coleta de ovos estão entre as causas para o perigo de extinção.

Lista brasileira
A lista das espécies da fauna brasileira ameaçadas de extinção mais recente é de 2014 e tem 1 173 espécies de animais.

Tome nota

1. Qual é a população estimada de pandas-vermelhos na Índia?

2. Escreva por extenso o número que representa o total aproximado de espécies na Terra.

Fonte: *Lista das espécies da fauna brasileira ameaçadas de extinção*. Disponível em: <http://mod.lk/lista_14>. Acesso em: 8 ago. 2018.

Reflita

1. Reescreva a frase usando porcentagem.

   Quase $\frac{1}{4}$ das espécies catalogadas na lista sofre algum tipo de ameaça de extinção.

   • Discuta com seus colegas o significado desse número.

2. Pesquise dados sobre outro animal que sofre risco de extinção. Faça uma lista e, depois, conte para os colegas e o professor.

ILUSTRAÇÕES: LUIZ IRIA

cento e noventa e cinco 195

Compreender informações

Cálculo da probabilidade de um evento ocorrer

1 Bárbara está brincando com um jogo de trilha e faltam poucas casas para ela atingir o FIM e vencer. Para movimentar seu pino, ela lança um dado comum em forma de cubo e avança tantas casas quanto for o número que aparece na face que fica voltada para cima.

a) Quais das afirmações abaixo são corretas?

_____

> A probabilidade de sair o número 3 na face que fica para cima no dado é $\frac{1}{6}$, porque há 1 possibilidade de sair o número 3 dentre as 6 possibilidades que existem ao todo.

> A probabilidade de sair um número par na face que fica para cima no dado é $\frac{3}{6}$, porque há 3 possibilidades de sair um número par dentre as 6 possibilidades que existem ao todo.

b) Bárbara também pode usar um dado com todas as faces triangulares iguais (numeradas de 1 a 4). Nesse caso, ela avança com seu pino o número da face que fica voltada para baixo. Em qual desses dois dados a probabilidade de sair o número 3 é maior? E de sair número par? _____

_____

_____

c) Veja no tabuleiro a posição do pino vermelho, de Bárbara. Quantas casas ela precisa avançar com seu pino para vencer essa rodada?

_____

d) Qual dado ela deve escolher para obter 3 nessa rodada? Por quê?

_____

_____

2. Dez crianças estão concorrendo ao sorteio de um livro. Entre elas há meninos e meninas com idades variadas. O nome de cada criança está em uma urna da qual será sorteado um nome.

Observe as tabelas e faça o que se pede.

Participantes do sorteio, por gênero

Meninos	Meninas
6	4

Fonte: Organizador do sorteio, 5 abr. 2018.

Participantes do sorteio, por idade

Até 8 anos	Mais de 8 anos
7	3

Fonte: Organizador do sorteio, 5 abr. 2018.

a) Qual destas afirmações está errada? Marque com um **X**.

☐ 6 das 10 crianças são meninos.

☐ 7 em 10 crianças têm até 8 anos.

☐ 3 das 7 crianças têm mais de 8 anos.

b) Para fazer um gráfico de setores, a figura ao lado foi repartida em 10 partes iguais. Cada uma dessas partes representa uma das crianças que concorrem ao livro. Complete a legenda.

c) Há maior chance de ser sorteado um menino ou uma menina? Justifique sua resposta.

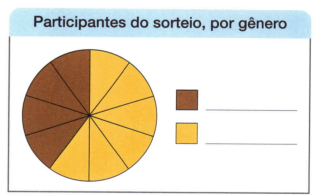

Participantes do sorteio, por gênero

Fonte: Organizador do sorteio, 5 abr. 2018.

_____

_____

d) Qual é a probabilidade de ser sorteado um menino? E de ser sorteada uma menina?

_____

e) Qual é a probabilidade de ser sorteada uma criança com mais de 8 anos?

_____

• Explique como você fez para responder a essa questão.

_____

_____

f) Como deve ser o gráfico de setores relativo ao número de crianças que concorrem ao livro de acordo com a idade delas? Converse com um colega sobre esse gráfico e elabore uma legenda para ele.

Pratique mais

1 Márcia e 7 amigas se encontraram para um chá da tarde. Cada uma levou 1 fatia correspondente a $\frac{1}{4}$ de um mesmo tipo de bolo vendido na padaria. Todas essas fatias juntas correspondem a quantos bolos inteiros? _____

2 Escreva uma fração equivalente em cada caso.

a) $\frac{6}{16} = \boxed{}$ b) $\frac{5}{9} = \boxed{}$ c) $\frac{15}{30} = \boxed{}$

3 Leia o que as moças estão dizendo.

> Jogo
> *Dominó de frações equivalentes*

De cada 7 goiabas, 1 está estragada.

Temos 10 goiabas estragadas.

- Agora, descubra quantas goiabas há no total. _____

4 Escreva entre quais dois números naturais está cada fração.

a) $\boxed{} < \frac{4}{3} < \boxed{}$ c) $\boxed{} < \frac{20}{8} < \boxed{}$

b) $\boxed{} < \frac{17}{5} < \boxed{}$ d) $\boxed{} < \frac{56}{10} < \boxed{}$

5 Calcule.

a) $\frac{2}{9} + \frac{4}{9} =$ _____   d) $\frac{7}{12} - \frac{1}{2} =$ _____

b) $\frac{3}{4} + \frac{3}{6} =$ _____   e) $4 \times \frac{5}{12} =$ _____

c) $\frac{7}{4} - \frac{5}{4} =$ _____   f) $\frac{2}{3}$ de $\frac{2}{3} =$ _____

6 Resolva os problemas propostos nos adesivos 1 a 6 da Ficha 18.

Cálculo mental

1 Ligue cada fração à posição exata ou aproximada que ocupa na reta numérica.

a)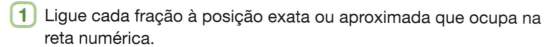

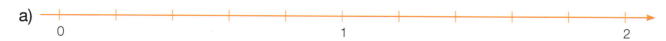

b)

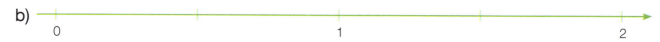

c)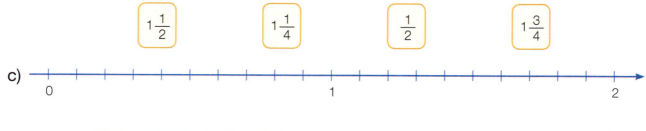

2 Observe as partes pintadas de cada figura e escreva uma fração correspondente. Em seguida, marque com um ponto vermelho o local que a fração ocupa na reta numérica.

a)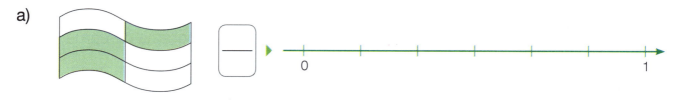

b)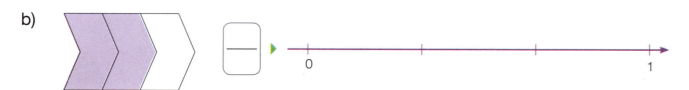

c)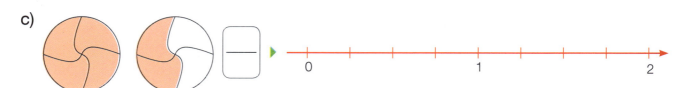

cento e noventa e nove 199

O que você aprendeu

1 Que fração representa a parte pintada de verde da figura?

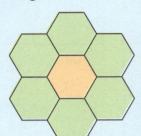

a) ☐ $\frac{5}{6}$ c) ☐ $\frac{7}{6}$

b) ☐ $\frac{6}{7}$ d) ☐ $\frac{5}{7}$

2 Observe a figura e assinale a afirmação falsa.

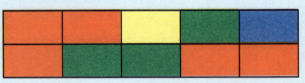

a) ☐ $\frac{1}{10}$ da figura foi pintado de amarelo.

b) ☐ $\frac{10}{3}$ da figura foram pintados de verde.

c) ☐ Metade da figura foi pintada de vermelho.

d) ☐ Um décimo da figura foi pintado de azul.

3 Dagoberto coleciona selos. Ele tem selos internacionais e nacionais. Dos 160 selos que tem, $\frac{5}{8}$ são internacionais. Quantos selos nacionais ele tem?

a) ☐ 30 selos. c) ☐ 45 selos.

b) ☐ 50 selos. d) ☐ 60 selos.

4 As figuras abaixo podem ser representadas por um número misto. Que número misto é esse?

 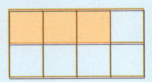

a) ☐ $1\frac{4}{8}$ c) ☐ $1\frac{3}{8}$

b) ☐ $2\frac{7}{3}$ d) ☐ $1\frac{3}{6}$

5 Qual das frações aparentes abaixo representa o número 4?

a) ☐ $\frac{12}{6}$ c) ☐ $\frac{24}{6}$

b) ☐ $\frac{24}{8}$ d) ☐ $\frac{25}{5}$

6 Théo precisa comprar $1\frac{1}{2}$ quilograma de carne moída para fazer alguns quibes. Em cada bandeja à venda no supermercado, há $\frac{1}{2}$ quilograma de carne. Quantas dessas bandejas Théo terá de comprar para fazer os quibes?

a) ☐ 2 bandejas.

b) ☐ 3 bandejas.

c) ☐ 4 bandejas.

d) ☐ 5 bandejas.

7 Qual é o resultado da adição e da subtração?

$$\frac{4}{5} + \frac{2}{15} \qquad \frac{6}{8} - \frac{3}{8}$$

a) ☐ $\frac{6}{15}$ e $\frac{3}{8}$.

b) ☐ $\frac{6}{20}$ e $\frac{3}{2}$.

c) ☐ $\frac{14}{15}$ e $\frac{3}{8}$.

d) ☐ $\frac{2}{15}$ e $\frac{9}{24}$.

8 Qual é o resultado da multiplicação?

$$\frac{1}{2} \times \frac{1}{2}$$

a) ☐ $\frac{1}{4}$

b) ☐ $\frac{2}{2}$

c) ☐ 2

d) ☐ $\frac{2}{4}$

9 Pedro quer comprar uma bicicleta. Ele economizou em um mês o equivalente a $\frac{5}{10}$ do preço da bicicleta e, no mês seguinte, $\frac{3}{10}$ do preço. Que fração do preço da bicicleta ainda falta para Pedro comprá-la?

a) ☐ $\frac{8}{10}$

b) ☐ $\frac{2}{10}$

c) ☐ $\frac{15}{10}$

d) ☐ $\frac{2}{5}$

10 Qual das frações abaixo não é equivalente a $\frac{2}{5}$?

a) ☐ $\frac{4}{10}$

b) ☐ $\frac{40}{100}$

c) ☐ $\frac{6}{15}$

d) ☐ $\frac{8}{25}$

11 Cláudia tinha uma consulta marcada para as 9:00, mas o médico se atrasou e ela foi atendida somente às 10:15.

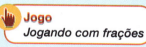

Qual número misto pode expressar o atraso do médico, tendo a hora como unidade de medida de tempo?

a) ☐ $1\frac{1}{15}$ de hora.

b) ☐ $1\frac{1}{2}$ de hora.

c) ☐ $1\frac{1}{4}$ de hora.

d) ☐ $1\frac{3}{4}$ de hora.

Quebra-cuca

Jogo — Jogando com frações

Raquel terá de pintar 36 triângulos equiláteros iguais da seguinte forma: $\frac{1}{6}$ deles de azul, $\frac{1}{3}$ de vermelho e o restante de marrom. Quantos triângulos Raquel vai pintar de marrom?

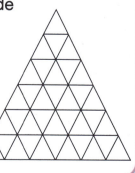

UNIDADE 6 — Grandezas e medidas

Para começar...

- Qual é a largura, a altura e o comprimento, em centímetro, do aquário para o qual as personagens estão olhando? _____
- Qual é a capacidade, em litro, de cada lata de tinta para parede? _____

(60 × 30 × 30) cm

TINTA PARA PAREDE 20 L

Medidas de comprimento

Metro, centímetro e milímetro

- Leia o que Renata está dizendo.

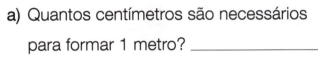

Vou costurar estas duas partes de tecido de 50 centímetros de comprimento cada uma para formar uma tira de 1 metro de comprimento.

a) Quantos centímetros são necessários para formar 1 metro? _____

b) Para fazer uma faixa de 4 metros, Renata usou 5 peças de tecido de mesma medida de comprimento, e não houve sobras. Qual era o comprimento, em centímetro, de cada uma dessas peças? _____

Indicamos:
- 1 metro por 1 m
- 1 centímetro por 1 cm

1 m = 100 cm

- Observe a borracha de João no início e no fim de um ano escolar.

Início do ano

Fim do ano

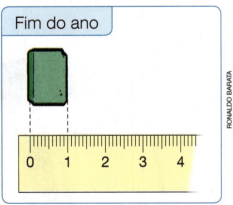

a) Qual era o comprimento da borracha, em centímetro, no início do ano? E no fim do ano? _____

b) A borracha diminuiu _____ milímetros do início para o fim do ano.

Indicamos: 1 milímetro por 1 mm

1 cm = 10 mm

204 duzentos e quatro

Atividades

1 Observe uma borracha, um caderno e um lápis como os representados a seguir. Depois, estime a medida deles. Use a unidade de medida que julgar mais adequada.

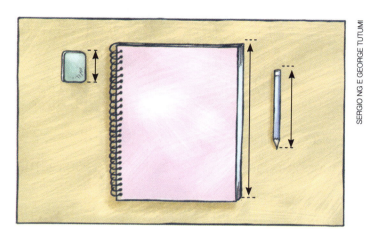

a) Borracha: _____

b) Caderno: _____

c) Lápis: _____

- Agora, responda: quantos lápis devemos alinhar para termos 1 metro de lápis?

2 Adriana e Júlio mediram com uma régua a largura, o comprimento e a espessura de uma mesma revista. Veja as anotações que eles fizeram.

Adriana	Júlio
Largura: 20 centímetros	Largura: 20 centímetros
Comprimento: 30 centímetros	Comprimento: 30 centímetros
Espessura: 1 centímetro	Espessura: 10 milímetros

a) Adriana e Júlio obtiveram medidas diferentes? Explique.

b) Em dupla, escolham um objeto. Em seguida, cada um deve medir com uma régua esse objeto. Depois, comparem as medidas obtidas.

3 Marcelo precisa fazer um trabalho usando 8 pedaços de canudos plásticos iguais ao da ilustração ao lado.

Quantos centímetros de canudos plásticos ele usará ao todo?

25 mm

duzentos e cinco **205**

Quilômetro

Leia a conversa entre Artur e Leila e, depois, responda às questões.

Artur: Para ir da minha casa ao trabalho, eu caminho 500 metros.

Leila: Isso não é nada! Para ir da minha casa ao trabalho, eu caminho o dobro dessa distância. Caminho 1 quilômetro.

a) Quantos metros Leila caminha de sua casa até o trabalho? _____

b) Em quais outras situações costumamos usar a unidade de medida quilômetro?
_____
_____

> Indicamos: 1 quilômetro por 1 km

> 1 km = 1 000 m

Atividades

1 Augusto pegou um ônibus para visitar sua avó, que mora a 10 km de distância da casa dele. O ônibus já percorreu 6 000 m do caminho. Ele percorreu mais ou menos da metade desse caminho?
_____
_____

2 Três dias por semana, Marta treina em uma pista de corrida que tem 800 metros de comprimento. Em cada dia de treino, ela dá 5 voltas completas.

a) Quantos quilômetros Marta percorre em um dia de treino? E em uma semana de treino?
_____

b) Se Marta correr 1 quilômetro a mais por dia de treino, quantos quilômetros ela percorrerá em uma semana de treino?
_____

Perímetro

Lígia pintou um quadro retangular, como mostra a imagem ao lado, e agora colocará uma moldura nele. Para isso, ela precisa calcular o comprimento do contorno desse quadro.

Quantos metros de comprimento tem o contorno desse quadro?

Observe e complete.

___60___ cm + _____ cm + _____ cm + _____ cm = _____ cm

O contorno do quadro tem _____ metros de comprimento.

> O comprimento do contorno de uma figura é seu **perímetro**.

Atividades

1 Calcule o perímetro de cada uma das figuras, sabendo que todos os lados de cada uma têm a mesma medida.

a)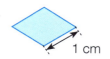

Perímetro = _____ cm

b)

Perímetro = _____ cm

c)

Perímetro = _____ cm

2 Pinte três representações retangulares diferentes que tenham, cada uma, o perímetro de 14 cm.

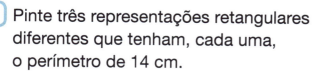

Relembre estudos de anos anteriores sobre modos de representar **diferentes figuras** com o mesmo perímetro.

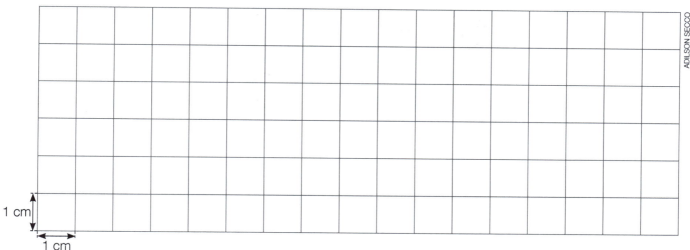

duzentos e sete **207**

3 Há um projeto para a construção de uma pista quadrangular de atletismo que contornará um parque, mas ainda não se sabe se a medida do lado será 1 200 metros ou 1 400 metros.

a) Qual será a maior medida, em metro, que essa pista poderá ter?

_____

b) E a menor medida, em metro, que essa pista poderá ter?

_____

4 Juliana e seus amigos confeccionaram uma toalha para a mesa do refeitório. A mesa é retangular e mede 6 m de comprimento e 2 m de largura. A toalha que eles confeccionaram tem 50 cm de sobra em todo o contorno da mesa, conforme a figura abaixo. Qual é a medida do comprimento do contorno da toalha?

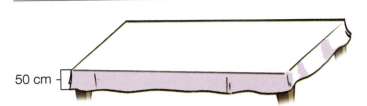

5 A medida do contorno do terreno retangular de Gérson é igual a 60 metros. A frente desse terreno mede 10 metros de comprimento.

Lateral

Frente   Fundo

Lateral

- Elabore uma pergunta para a situação descrita e, em seguida, responda a ela.

_____

_____

TEMA 2. Medidas de área

Centímetro quadrado

- Renata machucou o rosto e foi ao médico para tratar do machucado. Veja a cena a seguir.

O **centímetro quadrado** é uma unidade de medida de superfície correspondente à área de um quadrado cujos lados medem 1 centímetro.

Indicamos: 1 centímetro quadrado por 1 cm²

- Escreva a área, em centímetro quadrado, de cada figura.

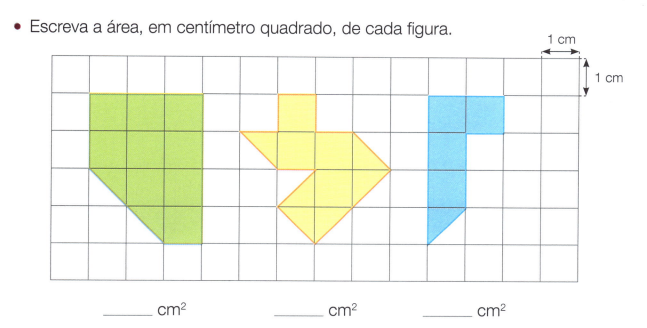

_____ cm²   _____ cm²   _____ cm²

Atividades

1 Cristina está colando, em um papel retangular, papéis coloridos quadrangulares cujos lados medem 1 centímetro. Quantos centímetros quadrados ainda faltam ser preenchidos com os papéis quadrangulares?

_____

2 Descubra qual é a área da figura verde ao lado, mas sem terminar de quadriculá-la.

A figura verde tem _____ cm² de área.

3 Observe como Luís estimou a área de uma mancha na malha e complete.

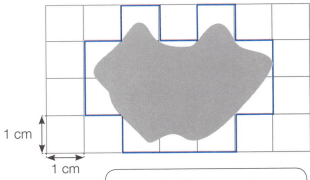

Primeiro, fiz um contorno por fora dela, passando pelas linhas da malha. A área da figura formada por esse contorno é, aproximadamente, _____ cm².

Depois, fiz um contorno por dentro da mancha, passando pelas linhas da malha. A área da figura formada por esse outro contorno é _____ cm². Vi, então, que a área da mancha era menor que a área da primeira figura e maior que a área da segunda figura.

Luís obteve uma estimativa para a área da mancha entre _____ cm² e _____ cm².

210 duzentos e dez

Metro quadrado

 Reúna-se com seus colegas e façam o que se pede.

a) Construam uma superfície que meça 1 metro quadrado usando como material folhas de jornal, fita adesiva, fita métrica, tesoura com pontas arredondadas etc.

b) Usando a superfície construída, encontrem a medida aproximada, em metro quadrado, da superfície da lousa de sua classe e registrem a medida encontrada.

_____

c) É adequado medir a superfície de seus cadernos com o metro quadrado?

d) Na opinião de vocês, em quais situações podemos usar a unidade de medida metro quadrado?

> A medida de uma superfície quadrada com lados que medem 1 metro de comprimento é igual a **1 metro quadrado**.
> Indicamos: 1 metro quadrado por 1 m²

Atividades

1 Jair está numa loja de carpetes de madeira. Ele precisa forrar o piso de um escritório cujas medidas são 4 metros de comprimento por 3 metros de largura, conforme o esquema a seguir.

a) De quantos metros quadrados de carpete de madeira Jair precisará para forrar o piso do escritório? _____

b) Quanto ele gastará se comprar o carpete de madeira dessa loja? _____

2 Um terreno mede 12 metros de largura por 25 metros de comprimento. Ele tem um muro em sua volta, exceto pelos dois portões de acesso: um portão com 1 metro de largura e o outro, com 2 metros.

a) Qual é a área do terreno? _____

b) Quantos metros de comprimento tem o muro? _____

duzentos e onze 211

Quilômetro quadrado

Joaquim visitou uma reserva ecológica que tem área total de 8 quilômetros quadrados.

Na reserva, há lagos que ocupam uma área total de 3 quilômetros quadrados. O restante da reserva é ocupado por mata.

Considerando que cada ▣ representa 1 quilômetro quadrado, marque com um X o desenho abaixo com área equivalente à área da mata dessa reserva.

> O **quilômetro quadrado** é uma unidade de medida de superfície correspondente à área de um quadrado cujos lados medem 1 quilômetro.
> Indicamos: 1 quilômetro quadrado por 1 km²

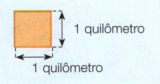

Atividades

 1 Observe o quadro e responda à questão.

País	Área aproximada (em km²)
Brasil	8 514 876
Uruguai	176 215

- Aproximadamente quantas superfícies iguais à do Uruguai seriam necessárias para cobrir toda a superfície do Brasil?

_____

 2 Faça uma estimativa para responder à questão.

A superfície em que está localizada sua escola tem área maior que 1 km²?

 duzentos e doze

Área e perímetro

Desenhe na malha quadriculada dois retângulos diferentes com área igual a 10 cm².

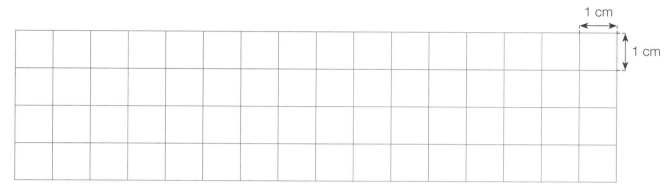

Agora, faça o que se pede.

a) Qual é o perímetro de cada retângulo que você desenhou? Eles são iguais?

_____

b) Converse com os colegas e o professor sobre a afirmação: figuras com mesma área podem ter perímetros diferentes.

Atividade

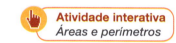

No escritório de Luísa, há duas salas de reunião, como mostram os esquemas abaixo.

Sala de reunião A

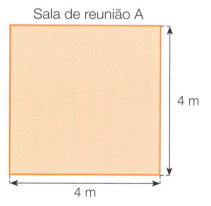

4 m / 4 m

Sala de reunião B

3 m / 5 m

a) Luísa quer colocar carpete nas duas salas. De quantos metros quadrados de carpete Luísa precisará para cobrir o piso de cada uma das salas?

_____

b) Qual é o perímetro de cada sala?

_____

c) Converse com os colegas e o professor sobre a afirmação: figuras com perímetros iguais podem ter áreas diferentes.

Ouça com respeito e atenção o que os colegas e o professor dizem. Considere todas as informações para formar a sua conclusão.

1. Estime a medida do comprimento de cada desenho e registre-a. Depois, meça com uma régua a medida do comprimento de cada um e compare com suas estimativas.

a)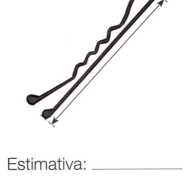

Estimativa: _____

Medida: _____

b)

Estimativa: _____

Medida: _____

c)

Estimativa: _____

Medida: _____

2. Observe a sequência formada por quadrados de lados que medem 1 cm. Em seguida, desenhe a 4ª figura dessa sequência e calcule seu perímetro.

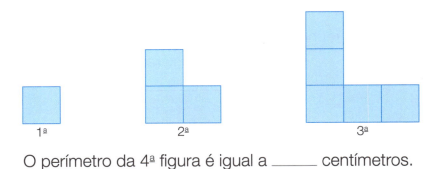

1ª   2ª   3ª

O perímetro da 4ª figura é igual a _____ centímetros.

3. Observe a ilustração e responda à questão.

Lagoa Bonita
34 km

Ilha do Sol
55 km

- Seguindo por essa estrada, qual é a distância entre Lagoa Bonita e Ilha do Sol?

_____

214 duzentos e catorze

4 A prefeitura de uma cidade decidiu construir um ginásio poliesportivo. Esse ginásio terá uma área de 1 597 metros quadrados. Dessa área, 609 metros quadrados serão ocupados pelas quadras. Quantos metros quadrados sobrarão para outras construções?

_____

5 O jardim da casa de Jonas tem formato retangular, com 100 cm de largura e 250 cm de comprimento.

Qual é a área do jardim em centímetro quadrado? E em metro quadrado?

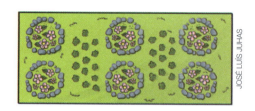

_____

_____

6 Marcos quer fazer uma prateleira com a forma de triângulo retângulo, como mostra o esquema ao lado.

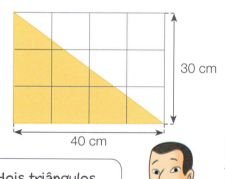
40 cm / 30 cm

Para saber de quantos centímetros quadrados de madeira eu vou precisar, tenho de calcular a área do triângulo retângulo que representa a prateleira.

Sei que dois triângulos retângulos iguais formam um retângulo. Então, a área de um triângulo retângulo será a metade da área desse retângulo.

a) De quantos centímetros quadrados de madeira ele vai precisar? _____

b) Calcule a área de cada triângulo abaixo.

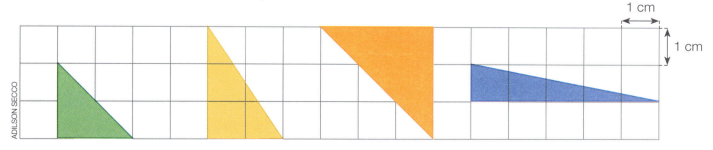

_____   _____   _____   _____

Tempo e temperatura

Medidas de tempo: hora, meia hora e um quarto de hora

O time Pavão Cinza está jogando contra o Galo Branco. O jogo deveria ter começado às 19 horas, mas o início atrasou 30 minutos. Veja abaixo a narração de um momento do jogo e, em seguida, responda às questões.

Goooool! Edinho do Galo Branco faz o 1º gol da partida aos 30 minutos do primeiro tempo do jogo.

Dica

Uma partida de futebol é dividida em dois tempos de 45 minutos cada um, com um intervalo de 15 minutos entre eles.

a) O tempo de atraso desse jogo corresponde a que fração de uma hora?

_____

b) A que horas Edinho marcou o primeiro gol da partida? _____

c) Marcos sai do trabalho às 19 horas e demora uma hora e meia para chegar em casa. Ele chegará a tempo de assistir a todo o segundo tempo da partida em casa? Explique como você pensou.

Cada intervalo de tempo de 30 minutos corresponde a meia hora (ou $\frac{1}{2}$ hora).

$30 \text{ min} = \frac{1}{2} \text{ h}$

d) O intervalo entre os dois tempos de uma partida de futebol corresponde a que fração de uma hora?

_____

Cada intervalo de tempo de 15 minutos corresponde a um quarto de hora (ou $\frac{1}{4}$ hora).

$15 \text{ min} = \frac{1}{4} \text{ h}$

Atividades

1. Camila estuda de manhã, e o portão de sua escola fecha às 7 horas. Sabendo que ela demora 30 minutos para se arrumar e tomar café e 15 minutos para chegar à escola, a que horas ela deve acordar para não chegar atrasada?

_____

2. Márcio treina natação três vezes por semana. Em cada dia, seu treino é dividido em 4 partes. Em cada parte, ele nada um estilo.

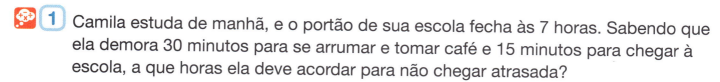

1ª parte	2ª parte	3ª parte	4ª parte
15 minutos de nado livre	15 minutos de nado costas	15 minutos de nado peito	15 minutos de nado borboleta

a) Um dia, o treino de Márcio começou às 10 horas. A que horas terminou esse treino, sabendo que não há intervalo entre as partes? _____

b) O tempo dedicado a cada estilo corresponde a que fração de uma hora?

_____

3. Carolina foi com sua mãe à feira. Elas saíram de casa às 9 horas e, quando voltaram, faltava um quarto de hora para as 10 horas.

a) Quanto tempo elas ficaram fora de casa? _____

b) O tempo que elas ficaram fora de casa corresponde a quantos quartos de hora?

_____

4. Veja o que Lúcia está dizendo. Em seguida, para cada item, escreva a hora correspondente, assim como Lúcia fez.

Se $\frac{1}{4}$ é o mesmo que 15 minutos, 8 horas mais $\frac{1}{4}$ de hora são 8 horas e 15 minutos.

a) 7 horas mais $\frac{3}{4}$ de hora: _____

b) Falta $\frac{1}{4}$ de hora para as 9 horas: _____

c) Falta $\frac{1}{2}$ hora para as 15 horas: _____

duzentos e dezessete

Medidas de temperatura: grau Celsius

Célia e Fernando viajaram nas férias. Certo dia, Célia aproveitou para correr no calçadão à beira-mar, e Fernando ficou de cama.

Observe e faça o que se pede.

a) A temperatura na praia é _____ graus Celsius e a temperatura do corpo de Fernando é _____ graus Celsius.

b) Em sua opinião, Fernando está doente ou não?

> O aparelho usado para medir a temperatura é o termômetro.
> O **grau Celsius** é uma unidade de medida de temperatura.
> Indicamos: 1 grau Celsius por 1 °C

Atividades

1 Responda às questões e faça o que se pede.

a) Ontem estava mais quente ou mais frio que hoje? _____

b) Qual unidade de medida de temperatura você conhece? _____

c) Estime a medida da temperatura de hoje. _____

2 Pesquise em um jornal ou *site* e registre a previsão do tempo para amanhã em sua cidade.

Data: _____

Local: _____

Temperatura máxima prevista: _____

Temperatura mínima prevista: _____

3 Em qual situação nas cenas ao lado o termômetro indica a menor temperatura? E a maior? Qual é a diferença entre essas duas medidas?

Situação 1

Situação 2

Situação 3

_____

_____

4 Observe o quadro ao lado com a previsão das temperaturas máxima e mínima de algumas cidades brasileiras em certo dia de 2017.

Cidade	Mínima prevista (°C)	Máxima prevista (°C)
Aracaju – SE	↓24	↑29
Maceió – AL	↓24	↑31
Goiânia – GO	↓21	↑31
Cuiabá – MT	↓23	↑33
Campo Grande – MS	↓21	↑29
Brasília – DF	↓19	↑28
São Paulo – SP	↓18	↑31
Belo Horizonte – MG	↓17	↑29
Vitória – ES	↓21	↑33
Rio de Janeiro – RJ	↓19	↑34
Porto Alegre – RS	↓22	↑28
Florianópolis – SC	↓21	↑28
Curitiba – PR	↓17	↑25

a) Para qual das cidades apresentadas foi prevista a menor temperatura máxima para esse dia?

_____

b) Para qual dessas cidades foi prevista a maior diferença entre as temperaturas máxima e mínima para esse dia? De quantos graus Celsius foi essa diferença?

_____

5 Observe, ao lado, o gráfico elaborado por Roberta, que mostra as temperaturas (máxima e mínima) previstas para um dia do mês de março em duas capitais brasileiras. Em seguida, responda às questões.

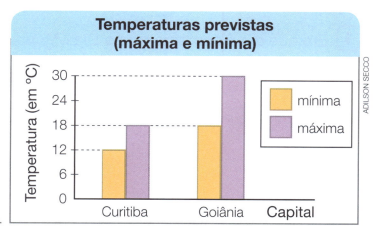

Fonte: Pesquisa de Roberta (mar. 2018).

a) Qual foi a menor temperatura mínima prevista? E a maior temperatura máxima prevista? _____

b) Qual é a diferença entre as temperaturas máxima e mínima previstas para Curitiba? E para Goiânia? _____

duzentos e dezenove

Matemática em textos

Leia

O cuidado com a audição

A Organização Mundial da Saúde (OMS) publicou em 3 de março de 2017, no Dia Mundial da Audição, que problemas de audição provocados por causas diversas já afetam 360 milhões de pessoas, dos quais 32 milhões são crianças.

As causas para a deficiência auditiva podem ser congênitas (como infecções durante a gravidez, falta de oxigênio na hora do parto ou problema de saúde que pode danificar o nervo auditivo em recém-nascidos, por exemplo) ou adquiridas.

Essa última categoria inclui a exposição a quantidades excessivas de ruído, como escutar músicas em fones de ouvido por tempo prolongado e a volumes muito altos.

A OMS recomenda a "escuta segura", ou seja, práticas que protegem os ouvidos de ruídos muito altos em atividades ocupacionais ou de lazer, que dependem da intensidade, duração e frequência dos estímulos sonoros.

Responda

1) Em que dia é comemorado o Dia Mundial da Audição?
_____

2) Quais podem ser as causas para a deficiência auditiva?
_____
_____
_____
_____

O limiar de segurança é de sons com volume de 85 decibéis, que podem ser ouvidos por um máximo de oito horas. Conforme o volume aumenta, o tempo seguro de exposição cai dramaticamente.

Por exemplo, o som produzido pelo trem do metrô — estimado em 100 decibéis — pode ser escutado sem danos à saúde por apenas 15 minutos por dia.

Para cuidar bem dos ouvidos, procure usar os fones em ambientes menos barulhentos, assim você não precisa aumentar o volume em excesso; mantenha os fones de ouvido sempre limpos, afinal eles estarão em contato com os ouvidos; e não se esqueça de estabelecer alguns períodos de descanso aos ouvidos.

Dados obtidos em: <http://mod.lk/onu_m>.
Acesso em: 30 jul. 2018.

Analise

1. Qual é o limite, em decibel, que pode ser ouvido por um máximo de 8 horas?

   _____

2. Qual é som estimado, em decibel, produzido pelo trem do metrô?

   _____

Aplique

Você se preocupa com sua audição? Reúna-se com um colega e discutam o que pode ser feito para preservá-la. Depois, façam um cartaz mostrando os cuidados que precisamos ter com nossa audição.

Antes de responder à questão, **pense bem** no que pode preservar a audição e também no que não prejudica a audição.

duzentos e vinte e um

TEMA 4 — Massa, capacidade e volume

Medidas de massa: tonelada, quilograma e grama

Rita tem um restaurante que vende comida por quilograma.

a) Quantos gramas formam 1 quilograma? _____

b) Quantos quilogramas formam 1 tonelada? _____

c) Se Rita cobra R$ 4,00 por 100 gramas de comida, quanto ela deve receber pela venda desses dois pratos de comida? _____

Indicamos:
- 1 miligrama por 1 mg
- 1 grama por 1 g
- 1 quilograma por 1 kg
- 1 tonelada por 1 t

1 g = 1 000 mg
1 kg = 1 000 g
1 t = 1 000 kg

Atividades

1 Faça estimativas e responda às questões.

a) João foi ao açougue e comprou 1 kg e 400 g de linguiça, 2 kg e 900 g de costela e 1,5 kg de acém. Quantos quilogramas de carne, aproximadamente, ele comprou?

_____

b) Para uma obra, foram comprados 0,5 t de cimento, 1 t e 800 kg de areia e 2,5 t de pedra. Quantas toneladas de materiais, aproximadamente, foram compradas?

_____

2 Jéssica foi ao mercado para comprar $\frac{1}{2}$ kg de queijo e 500 000 mg de café.

a) Cada quilograma de queijo custa 12 reais. Jéssica estimou que 5 reais seriam suficientes para pagar o queijo. Ela está correta? Justifique.

b) Quantos pacotes de $\frac{1}{4}$ de kg de café ela deve comprar para ter o que precisa?

_____

> Meio quilograma é o mesmo que 500 gramas.
> Indicamos: meio quilograma por $\frac{1}{2}$ kg
>
> $\frac{1}{2}$ kg = 500 g

> Um quarto de quilograma é o mesmo que 250 gramas.
> Indicamos: um quarto de quilograma por $\frac{1}{4}$ kg
>
> $\frac{1}{4}$ kg = 250 g

3 Observe os quadros em cada caso. Descubra qual deles indica a maior massa e pinte-o.

a) 1 t ou 1 kg

b) 300 000 mg ou 2 kg

c) 56 kg ou 59 000 g

d) 60 t ou 9 700 g

4 Paulo foi ao mercado Boas Compras e comprou os produtos abaixo.

Ele distribuiu os produtos em sacolas que suportam até 2 kg.
Qual é o menor número de sacolas que Paulo pode ter usado?

_____

Medidas de capacidade: litro e mililitro

- Ana vai dar uma festa e resolveu ir ao mercado comprar suco. Se Ana comprar 4 garrafas de suco da promoção, quantos litros ela levará a mais do que pagou?

Em cada garrafa da promoção, há __1250__ mililitros, dos quais _____ mililitros são grátis.

4 × _____ mililitros = _____ mililitros

Ana levará _____ litro de suco a mais do que pagou.

| Indicamos: 1 litro por 1 ℓ ou 1 L | 1 ℓ = 1 000 mℓ ou 1 000 mL |

- Paulo repartiu igualmente o conteúdo de uma garrafa de 1 litro de água entre 4 amigos.

a) Quantos litros de água cada amigo recebeu? Escreva sua resposta na forma de fração.

_____

b) Quantos mililitros de água Diogo disse que não consegue beber?

_____

Indicamos: um quarto de litro por $\frac{1}{4}$ ℓ

$\frac{1}{4}$ ℓ = 250 mℓ

Indicamos: meio litro por $\frac{1}{2}$ ℓ

$\frac{1}{2}$ ℓ = 500 mℓ

Atividades

1 A torneira de um filtro enche um copo com 200 mL de água em 8 segundos, aproximadamente.

a) Quantos segundos, aproximadamente, ela levará para encher com água uma garrafa de 1 L? _____

b) Se a torneira ficar aberta por 1 minuto e 20 segundos, quantos litros de água serão escoados nesse intervalo de tempo?

_____

c) Com os 20 L de água desse galão, podemos encher, no máximo, quantas garrafas com 500 mL de capacidade?

_____

2 Em uma jarra, cabem 2,5 ℓ de leite. Agora, responda.

a) Se Lia tomar 500 mℓ de leite dessa jarra, quantos litros sobrarão? _____

b) Se Lia tomar metade do leite da jarra com 2,5 ℓ de leite, quantos mililitros de leite sobrarão? _____

3 Se todas as jarras e canecas estão cheias de água, quantos litros de água há em cada caso?

a)

b)

c)

4 Com um colega, elaborem um problema que possa ser respondido com as informações contidas no gráfico ao lado.

> **Utilize seus conhecimentos** sobre medidas de capacidade para **elaborar** um bom problema.

Fonte: Dados fornecidos por um supermercado (13 jan. 2018).

Ideia de volume

Na loja de materiais de construção, Jonas empilhou 18 tijolos.

Podemos dizer que o **volume** desse empilhamento, ou a **medida do espaço** ocupado por ele, corresponde a 18 tijolos.

Nesse caso, o tijolo é a unidade de medida do espaço ocupado pelo empilhamento.

- Se os 18 tijolos fossem de tamanhos diferentes uns dos outros, seria possível concluir que o volume do empilhamento corresponde a 18 tijolos? Por quê?

_____
_____
_____
_____

Atividades

1. Calcule o volume de cada empilhamento usando 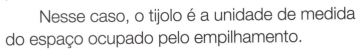 como unidade de medida e registre-o.

   a)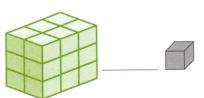

   c)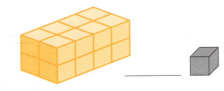

   b)

   d)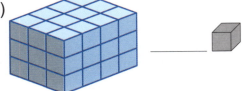

   - Agora, calcule novamente o volume desses empilhamentos usando como unidade de medida e registre-o.

     a) _____

     c) _____

     b) _____

     d) _____

2 Observe os empilhamentos de cubos dentro das caixas transparentes e faça o que se pede.

Empilhamento A

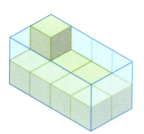

Empilhamento B

a) Considerando como unidade de medida, calcule o volume dos empilhamentos, caso as caixas transparentes estivessem totalmente preenchidas com cubos.

Empilhamento A ▶ _____   Empilhamento B ▶ _____

b) Imagine que cada seja oco e que caibam 2 litros de água em cada um. Quantos litros de água caberiam em cada caixa transparente?

_____
_____
_____

A quantidade de litros de água que você calculou corresponde à **capacidade** em litro dessas caixas transparentes. É comum associarmos a capacidade de um recipiente ao volume do seu interior.

3 Observe o cubo e responda às questões.

a) Considerando cada cubinho unidade de medida, qual é o volume total do cubo?

_____

b) Quanto é, em cubinhos, $\frac{1}{3}$ do volume total do cubo?

_____

duzentos e vinte e sete **227**

Compreender problemas

Para resolver

Problema 1
Marta precisa empilhar certa quantidade de cubinhos idênticos seguindo algumas dicas.

Leia as dicas, observe os arranjos de cubinhos a seguir e descubra qual deles corresponde ao que foi feito por Marta e quantos cubinhos ela usou.

DICAS
- Os cubinhos devem estar sobre uma malha quadriculada de 5 quadrinhos por 5 quadrinhos.
- Usar apenas duas camadas de empilhamento.
- O arranjo deve conter uma quantidade ímpar de cubinhos.

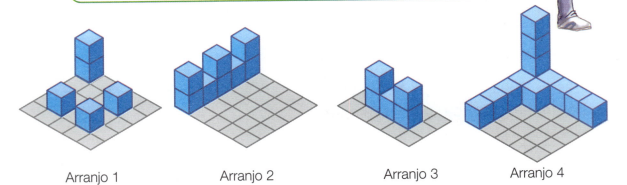

Arranjo 1 Arranjo 2 Arranjo 3 Arranjo 4

Marta fez o arranjo _____ e usou _____ cubinhos.

Problema 2
Dois azulejos idênticos têm, juntos, 15 cm² de área. Quantos centímetros quadrados têm 6 desses azulejos? E 10 desses azulejos? _____

Problema 3
Leia as informações a seguir e descubra de qual triângulo representado na malha se trata.

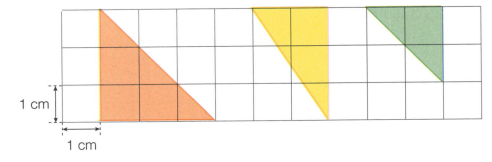

O triângulo representado tem:
- área maior que 2 cm²;
- todos os lados de medidas diferentes;
- a medida do menor lado é dada por um número par.

Trata-se do triângulo _____.

Para refletir

1 Em dupla, conversem para descobrir a partir de qual dica do *Problema 1* cada criança tirou sua conclusão.

2 Por que o *Problema 2* pode ser resolvido com o esquema ao lado?

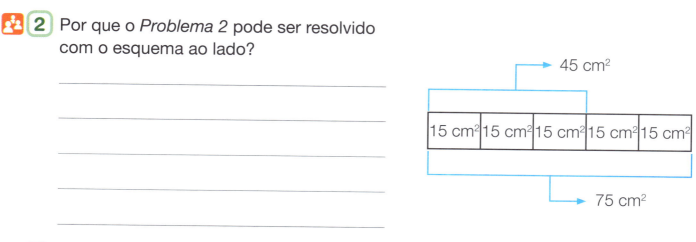

3 A afirmação abaixo, referente ao *Problema 3*, é verdadeira ou falsa? Justifique.

> O triângulo verde não pode ser o triângulo do qual se fala.

4 Modifique o *Problema 3* para que a resposta seja o triângulo laranja.

Utilize seus conhecimentos sobre medidas de área para **elaborar** informações coerentes.

Compreender informações

Completar e interpretar gráficos

1 Sueli tem uma imobiliária que negocia terrenos. No início de cada mês, ela registra os resultados do total de dinheiro recebido com as vendas do mês anterior. Neste mês, ao fazer suas anotações, Sueli se esqueceu de anotar uma das porcentagens. Veja e complete.

- A venda de terrenos com menos de 200 m² representou 40% do total recebido.
- A venda de terrenos de 200 a 300 m² representou 35% do total recebido.
- A venda de terrenos de 301 a 400 m² representou 15% do total recebido.
- A venda de terrenos com mais de 400 m² representou ☐ % do total recebido.

a) Complete o gráfico de setores que Sueli fez para mostrar os resultados da venda do mês anterior. Faça uma legenda e identifique cada setor colorido com a porcentagem correspondente do total recebido.

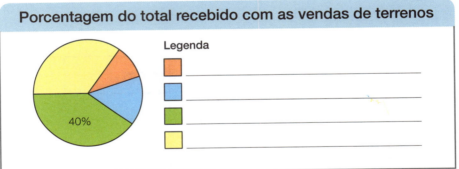

Fonte: Imobiliária da Sueli (out. 2017).

b) Que porcentagem representa o total recebido com as vendas? _____

c) Que porcentagem do total recebido Sueli se esqueceu de anotar? Essa porcentagem corresponde a que setor colorido no gráfico? _____

d) Que porcentagem do total recebido corresponde à venda de terrenos de 300 m² ou menos? Que parte do gráfico essa porcentagem representa?

e) Que porcentagem do total recebido representam os setores vermelho e azul juntos nesse gráfico? Essa porcentagem refere-se à venda de que tipo de terreno?

f) Que tipo de terreno Sueli vendeu menos no mês anterior? _____

2 Em uma escola, 4 estilos de dança de salão foram selecionados para uma apresentação e 100 alunos votaram, escolhendo apenas um desses estilos:
- Samba de gafieira recebeu 25 votos.
- Bolero e salsa receberam a mesma quantidade de votos.
- Forró ficou com 45 votos.

a) Complete o gráfico com base nas informações dadas acima.

Fonte: Escola considerada (jun. 2017).

b) Qual foi a quantidade de votos dados para o bolero? E para a salsa?

_____

c) Algum dos estilos recebeu mais da metade dos votos? Por quê?

_____

_____

3 A tabela a seguir mostra a variação da temperatura em uma cidade nas 12 primeiras horas do dia.

a) Complete o gráfico de linhas com os dados da tabela.

Temperatura na cidade

Horário	Temperatura (em grau Celsius)
0 h	16
3 h	12
6 h	16
9 h	24
12 h	28

Fonte: Sistema de meteorologia da cidade (14 jan. 2018).

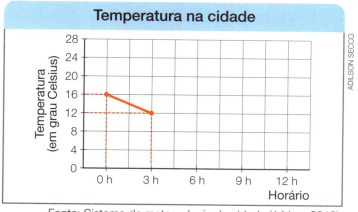

Fonte: Sistema de meteorologia da cidade (14 jan. 2018).

b) Escreva um pequeno texto sobre os resultados obtidos nessa pesquisa.

_____

_____

_____

Pratique mais

1 Amanda foi à padaria e comprou um **quarto de quilograma** de queijo prato fatiado, **meio quilograma** de presunto fatiado e **250 gramas** de queijo prato em um único pedaço.

a) Amanda comprou mais queijo ou mais presunto? Justifique sua resposta.

b) Quantos reais Amanda gastou no total?

_____

2 Observe o gráfico com as temperaturas de uma semana.

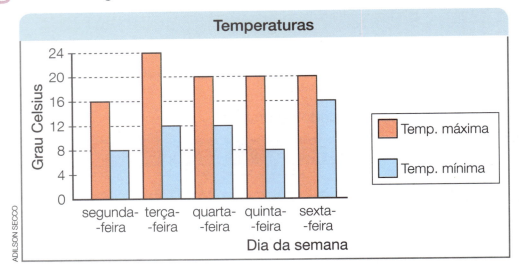

Em qual dia houve menor diferença entre as temperaturas máxima e mínima?

_____

3 Responda às questões.

a) Em um recipiente há 2 ℓ de molho de tomate. Se Carina utilizar 500 mℓ desse molho, quantos mililitros sobrarão?

_____

b) Se Carina utilizar meio litro do molho que ainda há no recipiente, quantos mililitros restarão?

_____

232 duzentos e trinta e dois

Cálculo mental

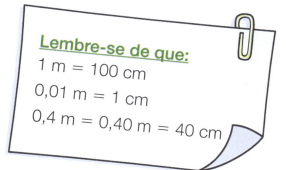

Lembre-se de que:
1 m = 100 cm
0,01 m = 1 cm
0,4 m = 0,40 m = 40 cm

1 Descubra quais marcas da barra de 1 metro correspondem às medidas em cada caso. Depois, escreva cada medida em centímetro.

a) 0,8 m   0,4 m   0,75 m

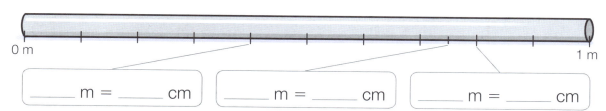

____ m = ____ cm   ____ m = ____ cm   ____ m = ____ cm

b) 0,41 m   0,6 m   0,13 m

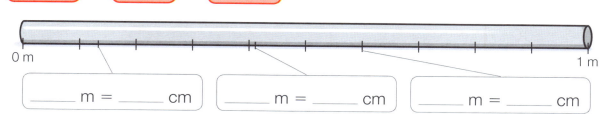

____ m = ____ cm   ____ m = ____ cm   ____ m = ____ cm

2 Desenhe o ponteiro no mostrador da balança para marcar a medida de massa em cada caso. Depois, escreva cada medida em grama.

Lembre-se de que:
1 kg = 1000 g
0,001 kg = 1 g
0,500 kg = 0,50 kg = 0,5 kg = 500 g
(meio quilograma)
1,2 kg = 1,200 kg = 1 200 g

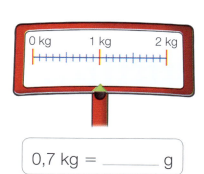

0,7 kg = ____ g

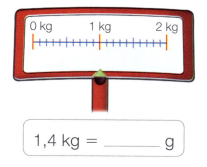

1,4 kg = ____ g

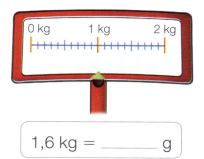

1,6 kg = ____ g

O que você aprendeu

Jogo
Jogo da memória das medidas

1 Qual é a afirmação verdadeira?
a) ☐ 1 m é igual a 10 cm.
b) ☐ 1 cm é igual a 100 mm.
c) ☐ 1 m é igual a 100 mm.
d) ☐ 1 m é igual a 100 cm.

2 A distância entre duas cidades é de 240 km. Um ônibus já percorreu $\frac{1}{4}$ desse caminho. Quantos metros ainda falta percorrer?
a) ☐ 60 000 m
b) ☐ 180 000 m
c) ☐ 40 000 m
d) ☐ 24 000 m

3 Observe as figuras abaixo.

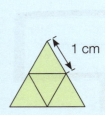
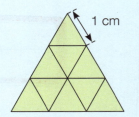

Cada figura é formada por triângulos cujos lados têm a mesma medida. Qual é o perímetro de cada figura?
a) ☐ 6 cm e 9 cm
b) ☐ 9 cm e 3 cm
c) ☐ 18 cm e 12 cm
d) ☐ 6 cm e 10 cm

4 A superfície da quadra de basquete da escola de Carla mede:
a) ☐ 1,62 m²
b) ☐ 162 m²
c) ☐ 162 km²
d) ☐ 162 cm²

5 Qual é a área representada?

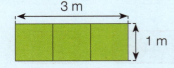

a) ☐ 3 cm²
b) ☐ 4 m²
c) ☐ 3 m
d) ☐ 3 m²

6 Em um dia de março, a temperatura máxima de uma cidade foi 35 °C e a mínima foi 23 °C. Qual é a média dessas temperaturas?
a) ☐ 29 °C   c) ☐ 25 °C
b) ☐ 21 °C   d) ☐ 27 °C

7 Pedro encomendou 20 kg de carne em peças. Cada peça terá $\frac{1}{4}$ de kg. Quantas peças serão obtidas?
a) ☐ 40
b) ☐ 60
c) ☐ 80
d) ☐ 100

8 Ivo tem em sua fazenda três tipos de plantação, que recebem quantidades diferentes de nutrientes por mês.

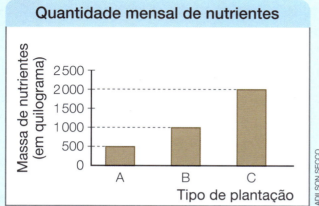

Fonte: Anotações de Ivo (fev. 2018).

É correto afirmar que:

a) ☐ A plantação **A** recebe 1 t de nutrientes por mês.

b) ☐ A plantação **B** recebe 1 t a menos de nutrientes por mês que a **C**.

c) ☐ A plantação **C** recebe 1 t a mais de nutrientes por mês que a **A**.

d) ☐ A plantação **C** recebe o dobro de nutrientes por mês que a **A**.

9 Uma torneira está mal fechada, e dela estão vazando 100 ml de água por minuto. Após 1 hora, terão vazado:

a) ☐ 10 litros.   c) ☐ 12 litros.
b) ☐ 20 litros.   d) ☐ 6 litros.

10 A quantidade de água de 100 copos com 500 ml cada um é a mesma que a quantidade de água de:

a) ☐ 100 copos de $\frac{1}{4}$ de litro.

b) ☐ 400 copos de 250 ml.

c) ☐ 200 copos de $\frac{1}{4}$ de litro.

d) ☐ 300 copos de 50 ml.

11 A caixa de acrílico pode ser preenchida completamente com cubos idênticos. Quantos cubos faltam para que ela fique completa?

a) ☐ 36 cubos.
b) ☐ 48 cubos.
c) ☐ 31 cubos.
d) ☐ 30 cubos.

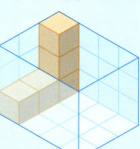

Quebra-cuca

O quadrado mostrado abaixo foi dividido em 4 retângulos iguais.

Depois, os 4 retângulos foram reagrupados formando uma nova figura, com um buraco no centro.

Figura nova

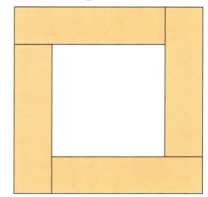

• Qual é a medida do contorno dessa nova figura? _____

duzentos e trinta e cinco **235**

UNIDADE 7
Números na forma decimal

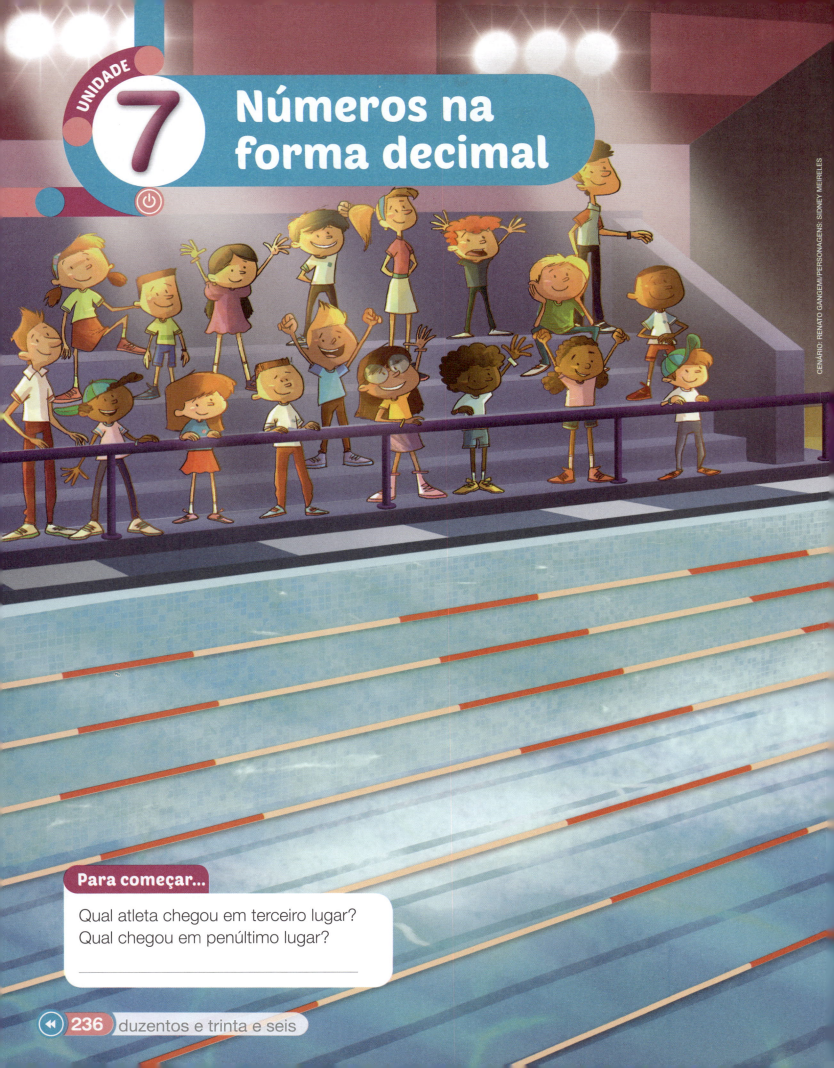

Para começar...

Qual atleta chegou em terceiro lugar?
Qual chegou em penúltimo lugar?

Números na forma decimal

Décimos, centésimos e milésimos

- Conte quantas pessoas há na cena ao lado e complete as frases.

a) Há _____ pessoas na cena.

Cada pessoa corresponde a _____ décimo do total de pessoas.

_____ décimo pode ser representado de duas formas:

> $\frac{1}{10}$ ▶ representação de 1 décimo com uma fração.
>
> 0,1 ▶ representação de 1 décimo na forma decimal.

b) Há _____ crianças na cena. Elas correspondem a _____ décimos do total de pessoas.

_____ décimos podem ser representados com a fração: ☐ ou na forma decimal: _____.

- Um painel luminoso é formado por uma placa com 100 lâmpadas coloridas, como mostra a figura ao lado.

a) As lâmpadas vermelhas correspondem a que fração do total de lâmpadas?

As _____ lâmpadas vermelhas correspondem a _____ centésimos do total de lâmpadas. Podemos representar 66 centésimos de duas formas:

> $\frac{66}{100}$ ▶ representação de 66 centésimos com uma fração.
>
> 0,66 ▶ representação de 66 centésimos na forma decimal.

b) Agora, escreva a representação, na forma decimal, da parte das lâmpadas que são verdes. _____

238 duzentos e trinta e oito

- Observe ao lado a quantidade de carne que Renata comprou. Lembre-se de que 1 quilograma é o mesmo que 1 000 gramas (1 kg = 1 000 g).

a) Que fração de 1 kg de carne Renata comprou?

b) Quantos gramas de carne faltaram para Renata fazer a torta? _____

Puxa vida! Para fazer a torta, eu precisava ter comprado 1 quilograma de carne.

Veja como essa medida de massa pode ser representada de duas maneiras:

650 gramas correspondem a 650 milésimos de 1 quilograma.

$\dfrac{650}{1\,000}$ ▶ representação de 650 milésimos com uma fração.

0,650 ▶ representação de 650 milésimos na forma decimal.

c) Qual é a representação na forma decimal da fração de 1 kg de carne que Renata comprou? _____

Atividades

1 Um aparelho de som tem um mostrador da intensidade de volume que varia de 0 a 1. Quanto mais alto o som, mais partes vermelhas ficam visíveis no mostrador.

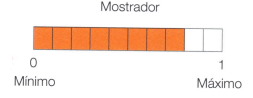

Mostrador

0 Mínimo — 1 Máximo

a) A que fração do mostrador do aparelho de som corresponde cada parte em que ele está dividido? _____

b) Qual é a intensidade do volume registrado no mostrador desse aparelho?

_____

duzentos e trinta e nove **239**

2 Complete o quadro abaixo.

Animal	Altura em centímetro	Altura em metro
Gato doméstico	30 cm	0,30 m
Capivara	50 cm	
Leão		0,95 m
Galinha	35 cm	

1 metro é o mesmo que 100 centímetros.

Então, 1 cm = $\frac{1}{100}$ m

ou 1 cm = 0,01 m

3 Hugo quer comprar uma paçoca que custa R$ 0,35.

a) Que combinação de moedas ele pode usar para pagar a paçoca sem que haja troco?

_____

b) Se Hugo pagar com uma moeda de 1 real, quanto ele receberá de troco?

_____

c) Se Hugo quiser comprar 10 paçocas para dividir com seus amigos, quantos reais ele gastará ao todo?

_____

4 Represente com uma fração e na forma decimal a parte pintada de verde das figuras abaixo.

a)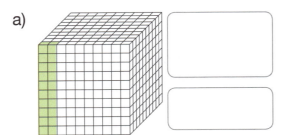

b)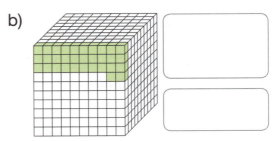

5 Com uma calculadora, faça os cálculos indicados e registre as respostas obtidas.

a) 1 ÷ 1 0 0 0 =

b) 2 ÷ 1 0 0 0 =

- Desenhe as teclas que você apertaria para obter no visor da calculadora o número 0,005 e o número 0,724.

Valor posicional

Em 2016, o piloto britânico Lewis Hamilton largou na 1ª posição na corrida do Grande Prêmio de Abu Dhabi, nos Emirados Árabes Unidos. O tempo da volta que lhe garantiu a primeira posição na largada foi de 98,755 segundos. Vamos escrever o valor de cada algarismo desse número.

Grande Prêmio de Abu Dhabi de Fórmula 1, nos Emirados Árabes Unidos, em 26 nov. 2016.

Parte inteira		Parte decimal		
D	U	d	c	m
9	8	7	5	5

- 5 milésimos
- 5 centésimos
- 7 décimos
- 8 unidades
- 9 dezenas

Agora, observe no quadro ao lado o tempo das melhores voltas dos pilotos Nico Rosberg e Daniel Ricciardo na mesma corrida.

Nico Rosberg	99,058 segundos
Daniel Ricciardo	99,589 segundos

 a) Registre o valor de cada algarismo desses números.

b) Qual desses dois pilotos obteve o melhor tempo? _____

Atividade

O quadro abaixo apresenta a quantidade de água que cabe em algumas colheres, ou seja, traz a medida de sua capacidade. Complete-o.

Lembre-se de que: 1 ℓ = 1 000 mℓ

Colher		Capacidade em mℓ	Capacidade em ℓ
colher de café	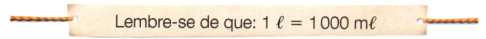	2 mℓ	
colher de chá		5 mℓ	
colher de sopa		15 mℓ	

duzentos e quarenta e um **241**

Leitura de números na forma decimal

Os números na forma decimal aparecem com frequência nos esportes.

Atletismo do Brasil nas Paralimpíadas 2016

O atleta brasileiro Petrúcio Ferreira dos Santos ganhou a medalha de ouro nos 100 metros rasos, categoria T47 do atletismo, além de bater o recorde mundial da prova, com 10,57 segundos.

Verônica Hipólito foi prata nos 100 metros da categoria T38. Apesar de ter se tornado a nova recordista nas semifinais, ela acabou ficando em 2º lugar na final, cronometrando 12,88 segundos.

Para ler um número na forma decimal, observamos primeiro a parte inteira e depois a parte decimal. Veja como lemos o número que representa o tempo do atleta Petrúcio Ferreira dos Santos.

Lemos ▶ dez inteiros e cinquenta e sete centésimos.

Agora, escreva como se lê o número que representa o tempo de Verônica Hipólito.

_____

Atividades

1. Complete o quadro.

Número	Como lemos
0,4	
	catorze inteiros e trezentos e noventa e um milésimos
0,084	
	um inteiro e duzentos e sete milésimos

2 Represente com um número na forma decimal a parte pintada de cada uma das figuras. Em seguida, escreva como lemos esses números.

a)

b)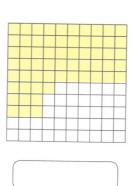

c)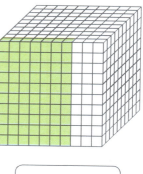

3 Escreva como lemos a medida em cada caso.

a)

b)

4 Escreva por extenso a medida do comprimento do objeto em cada caso.

a)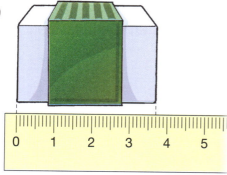

b)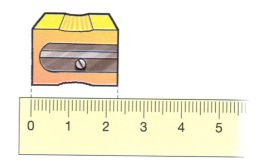

duzentos e quarenta e três

TEMA 2. Análise de números na forma decimal

Frações e números na forma decimal

Observe que a metade de cada disco de cartolina representado ao lado está pintada de verde.

a) O disco de cima foi dividido em 2 partes iguais. A parte verde pode ser representada por qual fração? ☐

b) O disco de baixo foi dividido em 10 partes iguais. A parte verde pode ser representada por qual fração com denominador igual a 10? E por qual número na forma decimal? ☐

Atividades

1 Observe as três figuras de mesmo tamanho e faça o que se pede.

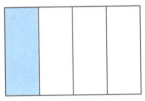
Figura I

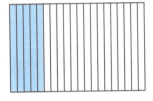
Figura II

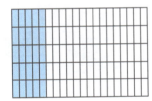
Figura III

a) Em qual figura a parte pintada de azul é maior? Justifique sua resposta.
_____
_____

b) Escreva a fração que corresponde à parte pintada de azul em cada figura.

Figura I ▶ ☐   Figura II ▶ ☐   Figura III ▶ ☐

c) Qual número na forma decimal corresponde à fração da parte pintada de azul da Figura III? _____

2 Pinte da mesma cor os números que representam a mesma parte de um todo.

$\frac{7}{100}$ 0,7 $\frac{7}{1000}$ 0,07 $\frac{7}{10}$ 0,007

244 duzentos e quarenta e quatro

3 Pinte as partes de cada figura conforme solicitado.

a) $\frac{1}{5}$ da figura de rosa

b) $\frac{5}{25}$ da figura de verde

c) 0,20 da figura de azul

4 Raquel, Elaine e Osvaldo pintaram uma tela. Quantas partes dessa tela cada um deles pintou? Pinte você também, na representação dessa tela abaixo, para descobrir.

Eu pintei $\frac{2}{10}$ da tela de verde.

Eu pintei 0,5 da tela de amarelo.

Eu pintei de laranja o que restou da tela.

Raquel   Elaine   Osvaldo

Raquel pintou _____ partes da tela, Elaine, _____ partes, e Osvaldo, _____ partes.

5 A balança indica a massa em quilograma. Complete o visor da balança com o número, na forma decimal, que deve aparecer nele.

a)

b)

6 Escreva a fração correspondente a cada número na forma decimal.

a) 0,5 =

b) 0,36 =

c) 0,024 =

d) 0,564 =

duzentos e quarenta e cinco **245**

Comparação e ordenação de números na forma decimal

Rebeca quer representar alguns números na forma decimal na reta numérica. Para isso, ela vai localizar, primeiro, a parte inteira e, depois, a parte decimal, dividindo o segmento que corresponde à unidade em partes iguais. Essa divisão depende da quantidade de casas decimais. Observe.

- Para representar 2,3 na reta numérica, dividimos em 10 partes iguais o segmento localizado entre 2 e 3 e, então, localizamos o número.

- Para representar 2,34 na reta numérica, dividimos em 10 partes iguais o segmento localizado entre 2,3 e 2,4 e, então, o localizamos. O segmento entre 2 e 3 ficará dividido em 100 partes iguais.

- Para representar 2,345 na reta numérica, dividimos em 10 partes iguais o segmento localizado entre 2,34 e 2,35 e, então, localizamos o número. O segmento entre 2 e 3 ficará dividido em 1 000 partes iguais.

Quanto mais para a direita o número se localizar na reta numérica, maior será esse número. Podemos compará-los utilizando os sinais < (menor que) ou > (maior que).

2,3 __<__ 2,34 _____ 2,345   2,345 _____ 2,34 _____ 2,3

Atividades

1 Localize na reta numérica os números: 4,583 e 4,587.

246 duzentos e quarenta e seis

2 Ligue cada número decimal com sua representação destacada na reta numérica.

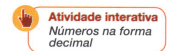

0,45

0,49

0,47

0,42

3 Usando a calculadora, aperte as teclas indicadas em cada caso e registre o número que aparecer no visor.

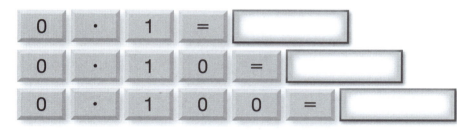

O que há de parecido nestas divisões? O que há de diferente? Não esconda suas dúvidas nem sua curiosidade. **Pergunte sempre**.

- Converse com um colega sobre o que esses resultados sugerem.

4 Veja como Márcia comparou os números 1,2 e 1,135.

1,2 é o mesmo que 1,20 ou 1,200.

1,200 > 1,135. Isso é verdade porque 200 milésimos de uma unidade é maior que 135 milésimos da mesma unidade.

- Agora, compare os números utilizando os sinais < (menor que) ou > (maior que).

a) 15,43 _____ 15,45

b) 0,05 _____ 0,005

c) 1,111 _____ 1,12

d) 96,1 _____ 96,01

5 Escreva os números na ordem decrescente.

5,85   5,8   1,671   2,67   9,23

_____ > _____ > _____ > _____ > _____

duzentos e quarenta e sete **247**

TEMA 3 — Operações e porcentagem

Adição e subtração com números na forma decimal

Isabella vai comprar o micro-ondas e o fogão mostrados abaixo. Observe a imagem e responda às questões.

a) Quantos reais Isabella gastará nessa compra?

Para descobrir, fazendo uma adição, adicionamos centésimos com centésimos e décimos com décimos. Depois, colocamos a vírgula do resultado debaixo das demais vírgulas.

Isabella gastará nessa compra R$ _____.

b) Isabella pagará à vista e, por isso, terá um desconto de R$ 55,91. Nesse caso, quantos reais ela gastará?

Podemos descobrir fazendo uma subtração.

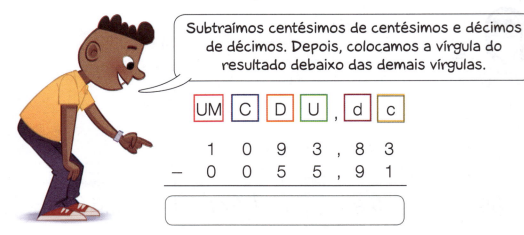

Nesse caso, Isabella gastará R$ _____.

Atividades

1 Diana quer fazer a adição de 4,5 com 2,78. Veja como ela escreveu essa adição e responda às questões.

"Eu acrescentei um zero à direita, porque 4,5 é o mesmo que 4,50."

a) Diana está fazendo uma afirmação correta? Justifique.

b) Qual é o resultado dessa adição? _____

2 Analise as falas e complete o quadro.

- Diego: "Minha massa corporal é 1,17 kg a menos que a de Oscar."
- Giovana: "Minha massa corporal é 1,76 kg a menos que a de Oscar."
- Nara: "Minha massa corporal é 0,69 kg a menos que a de Giovana."
- Oscar: "Minha massa corporal é 48,3 kg."

Nome	Massa corporal (kg)
Diego	
Giovana	
Nara	
Oscar	

3 Com a ajuda de um colega, elabore um problema sobre o esquema abaixo. Depois, troque com outra dupla para que o resolva.

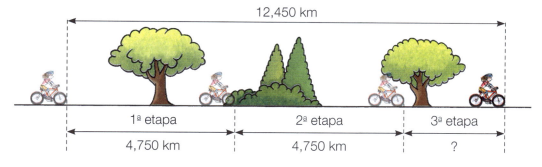

12,450 km

1ª etapa: 4,750 km
2ª etapa: 4,750 km
3ª etapa: ?

duzentos e quarenta e nove

Vamos jogar?

Jogo dos decimais

PARA JOGAR MUITAS VEZES

Material: Tabuleiro D, marcadores das Fichas 12 e 13, dados da Ficha 14 e um saquinho escuro para o sorteio dos marcadores.

Jogadores: 2 a 4.

Regras:

- Os marcadores devem ser colocados no saquinho.
- Cada jogador deve sortear 16 marcadores e organizá-los em uma das cartelas no tabuleiro, colocando cada marcador em uma casa com os números virados para cima.
- Os jogadores decidem quem começará o jogo lançando um dos dados. O primeiro a jogar é aquele que tirar o maior número no dado.
- Cada jogador, na sua vez, lança os três dados. Todos os jogadores que tiverem um marcador com o valor da soma dos números obtidos nos dados devem virá-lo para baixo.
- Atenção: se um jogador tiver dois marcadores com o valor da soma dos números obtidos nos dados, deverá virar para baixo apenas um.
- Ganha quem virar primeiro os quatro marcadores de uma mesma fileira horizontal, vertical ou diagonal.

Veja se entendeu

Observe a cartela de Lucas e os números que ele tirou nos dados.

- Pinte o marcador que ele pode virar.

duzentos e cinquenta

Depois de jogar

1. Responda.

   a) Qual é o menor valor que podemos obter com a soma dos números obtidos nos dados? _____

   b) E qual é o maior valor? _____

2. Escreva os valores nas faces dos dados que estão em branco para que completem o valor de cada marcador.

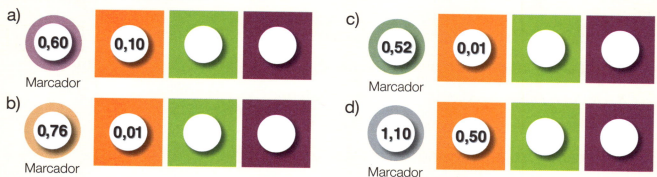

3. Nicole e Enzo estão jogando. Observe como estão as cartelas deles.

   Cartela de Nicole

   Cartela de Enzo

   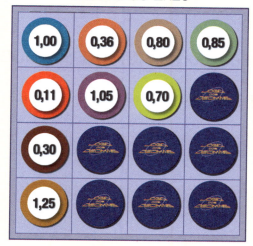

   a) Para Nicole vencer o jogo, qual valor ela deve tirar em cada dado?

   _____

   b) E quais valores Enzo pode tirar nos dados para vencer?

   _____

   c) Suponha que Nicole tenha jogado os dois primeiros dados e obtido 0,50 e 0,50. Quanto ela deve tirar no terceiro dado para virar um de seus marcadores, mas de forma que Enzo não vire nenhum de seus marcadores? _____

duzentos e cinquenta e um

Multiplicação

Patrícia vai comprar 3 pulseiras. Cada pulseira custa R$ 2,45. Quantos reais ela gastará?

Complete a adição para descobrir.

partes inteiras dos números → partes decimais dos números

2,45 + 2,45 + 2,45 = 2,00 + 2,00 + 2,00 + 0,45 + 0,45 + 0,45 = ☐ + 1,35 = ☐

Outra maneira de descobrir é fazendo a multiplicação 3 × 2,45 com o algoritmo usual.

- Primeiro, fazemos 3 vezes 5 centésimos, obtendo 15 centésimos.
- Trocamos 10 centésimos por 1 décimo.
- Depois, fazemos 3 vezes 4 décimos, obtendo 12 décimos.
- 12 décimos mais 1 décimo são 13 décimos.
- Trocamos 10 décimos por 1 unidade.
- 3 vezes 2 unidades são 6 unidades.
- Acrescentando 1 unidade a 6 unidades, obtemos 7 unidades.

```
  U , d  c
    1  1
    2 , 4  5
  ×        3
  ─────────
    7 , 3  5
```

Patrícia gastará _____ .

Multiplicação por 10, 100 ou 1000

Patrícia está calculando o preço de 10 pulseiras, de 100 pulseiras e de 1000 pulseiras.

10 pulseiras
```
      2, 4 5
  ×     1 0
  ──────────
     2 4, 5 0
```
Total ▶ R$ _____

100 pulseiras
```
      2, 4 5
  ×   1 0 0
  ──────────
    2 4 5, 0 0
```
Total ▶ R$ _____

1 000 pulseiras
```
        2, 4 5
  ×   1 0 0 0
  ────────────
    2 4 5 0, 0 0
```
Total ▶ R$ _____

Nas multiplicações de dois números, em que um dos fatores é 10, o resultado é o outro fator com a vírgula deslocada uma casa para a direita. Se um dos fatores é 100, a vírgula é deslocada duas casas para a direita. Se um dos fatores é 1000, a vírgula é deslocada três casas para a direita.

10 × 2,70 = 27,0   100 × 2,70 = 270,0   1000 × 2,70 = 2700,0

duzentos e cinquenta e dois

Atividades

Os elementos nesta página não estão apresentados em escala de tamanho.

1 Sueli comprou 4 canetas coloridas.

a) Quanto ela pagou pelas canetas no total? _____

b) De quanto foi o troco se ela pagou com uma cédula de R$ 20,00? _____

2 Marisa quer comprar peças que estão à venda na promoção.

a) Quantos reais ela gastará se comprar 3 camisetas e 2 calças? _____

b) Quantos reais Marisa vai pagar por 3 camisetas e 4 calças? _____

3 Calcule e registre suas respostas.

a) 1,257 × 10 = _____

b) 1,257 × 100 = _____

c) 1,257 × 1 000 = _____

d) 72,63 × 10 = _____

e) 72,63 × 100 = _____

f) 72,63 × 1 000 = _____

4 Calcule mentalmente e registre suas respostas.

a) Cléber tem a quantia indicada abaixo. Dez vezes essa quantia corresponde a quantos reais? _____

b) Quantos reais Ricardo gastará para abastecer seu caminhão com 100 litros de diesel? _____

5 Elabore um problema de multiplicação sobre a ilustração abaixo. Em seguida, resolva-o.

duzentos e cinquenta e três

Compreender problemas

Para resolver

Leia os problemas com atenção e, em seguida, resolva-os.

Problema 1

Pensei em um número. Dividi esse número por 3. Depois, adicionei 19 ao resultado e obtive o número 27.

Em que número Nicole pensou? _____

Problema 2

1º	Sílvio foi à padaria e comprou um pão doce por R$ 2,30.

2º	Depois foi à casa da vovó Diva, e ela lhe deu R$ 5,00.

3º	Na volta para casa, passou pela banca de jornal e comprou um gibi por R$ 3,20 e alguns pacotes de figurinha por R$ 4,00 no total.

4º	Ao chegar em casa, Sílvio percebeu que tinha sobrado apenas uma moeda de R$ 0,50.

Que quantia Sílvio tinha quando chegou à padaria?

Sílvio tinha R$ _____ quando chegou à padaria.

Para refletir

1 Leia as afirmações que Rebeca, Enzo e Lucas fizeram sobre o *Problema 1*.

> Rebeca: Nicole pensou no número 7.

> Enzo: Nicole pensou no número 13.

> Lucas: A resposta não pode ser 7 nem 13!

Lucas percebeu, sem fazer cálculos, que as respostas de Rebeca e Enzo não estavam corretas. Como ele percebeu isso?

_____

_____

_____

_____

2 Marque com um **X** a expressão que resolve o *Problema 1*.

a) ☐ (27 − 19) × 3

b) ☐ (19 + 27) ÷ 3

c) ☐ (27 − 19) − 3

d) ☐ (19 + 27) × 3

3 Observe como Rebeca fez para resolver corretamente o *Problema 2*.

R$ 0,50 + R$ 7,20 − R$ 5,00 + R$ 2,30 = R$ 5,00
Quantia que sobrou / Gastos na banca de jornal / Quantia que ganhou da avó / Gastos na padaria / Quantia que Sílvio tinha no início

Você resolveu dessa **maneira**? Como é possível conferir a resposta? **Organize seus pensamentos** antes de falar!

4 Faça o que se pede.

a) Modifique o *Problema 1* para que a resposta seja o número 20.

b) Modifique o *Problema 2* para que a resposta seja R$ 3,00.

duzentos e cinquenta e cinco

Quociente decimal

Para pendurar roupas na lavanderia de uma casa, será preciso dividir um rolo de varal de 11 metros de comprimento em 4 pedaços iguais. Quantos metros terá cada pedaço desse rolo?

Vamos dividir 11 por 4. Observe e complete.

Dividimos 11 unidades por 4. Obtemos _____ unidades, e sobram _____ unidades. Precisamos transformar essas 3 unidades em __30__ décimos.

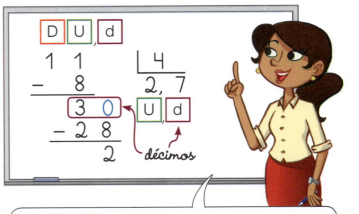

Colocamos a vírgula no quociente, para separar a parte inteira da parte decimal do número, e dividimos 30 décimos por 4.

Obtemos __7__ décimos, e restam _____ décimos.

Transformamos 2 décimos em __20__ centésimos. Depois, dividimos esses 20 centésimos por 4.

Obtemos _____ centésimos, e o resto é zero.

Cada pedaço desse rolo terá _____ metros.

Atividades

1. Cléber comprou 5 cadernos iguais por R$ 18,00. Quanto custou cada caderno?

_____

2 Joana quer dividir igualmente entre 4 crianças a quantia ao lado.

a) Quanto cada criança receberá? _____

b) Explique a um colega como você fez esse cálculo.

Seja claro ao explicar suas ideias para o colega.

3 Veja como Aline dividiu 81 por 2.

81 é igual a 80 mais 1. Dividi 80 por 2 e obtive 40. Depois, dividi 1 por 2, que é igual a $\frac{1}{2}$, ou 0,5. Então, o resultado é igual a 40 mais 0,5, que é igual a 40,5.

- Agora, calcule o resultado em cada caso.

a) $17 \div 2 =$ _____   b) $43 \div 2 =$ _____   c) $21 \div 4 =$ _____

4 Regina dividirá um barbante de 13 centímetros em 5 partes iguais.

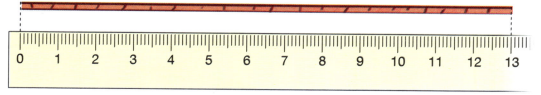

a) Cada parte terá mais de 2 centímetros de comprimento? _____

b) Cada parte terá mais de 3 centímetros de comprimento? _____

c) Lembrando que 1 centímetro é o mesmo que 10 milímetros, como você pode obter o resultado dessa divisão? Converse com seus colegas a esse respeito.

5 Tainá comprou um par de patins por R$ 215,00 e pagou em 4 prestações iguais. Qual foi o valor de cada prestação? _____

6 Calcule o resultado em cada caso.

a) $45 \div 4$ c) $21 \div 6$ e) $9 \div 4$

b) $16 \div 5$ d) $17 \div 8$ f) $89 \div 8$

duzentos e cinquenta e sete

Divisão com números na forma decimal

Roberto aproveitou uma liquidação para comprar bermudas e camisetas para dar de presente a seus sobrinhos. O valor total da compra foi de R$ 84,52. O pagamento será realizado em 4 prestações iguais sem acréscimo. Qual será o valor de cada prestação?

Cálculo com o algoritmo usual

1º

Dividimos 8 dezenas por 4, obtendo 2 dezenas. Depois, dividimos 4 unidades por 4. Obtemos 1 unidade, e não sobra resto.

```
  D  U , d  c
  8  4 , 5  2 | 4
- 8            ─────
  ─            2 1
  0 4          D U
  - 4
  ───
    0
```

2º

Em seguida, dividimos 5 décimos por 4. Obtemos 1 décimo, e resta 1 décimo, que é o mesmo que 10 centésimos.

```
  D  U , d  c
  8  4 , 5  2 | 4
- 8            ─────
  ─            2 1, 1
  0 4          D U, d
  - 4
  ───
    0 5
    - 4
    ───
      1
```

3º

Então, dividimos 12 centésimos por 4. Obtemos 3 centésimos, e o resto é zero.

```
  D  U , d  c
  8  4 , 5  2 | 4
- 8            ─────
  ─            2 1, 1 3
  0 4          D U, d c
  - 4
  ───
    0 5
    - 4
    ───
      1 2
    - 1 2
    ─────
        0
```

O valor de cada prestação será R$ 21,13.

- Agora, calcule o resultado em cada caso.

a) 36,60 ÷ 6

b) 65,15 ÷ 5

c) 72,56 ÷ 8

d) 95,34 ÷ 3

e) 77,76 ÷ 4

f) 89,76 ÷ 3

Atividades

1) Fernando decidiu comprar um computador em 6 prestações de mesmo valor.

a) Faça uma estimativa sobre qual será, aproximadamente, o valor de cada prestação.

_____

b) Conte para um colega como você pensou para fazer a estimativa.

2) Cristiano foi com R$ 15,00 à padaria. Chegando lá, ele comprou 3 doces de mesmo preço e recebeu R$ 1,50 de troco.

> **Organize** seus pensamentos antes de explicar o raciocínio ao colega.

a) Quanto Cristiano pagou pelos 3 doces? _____

b) Qual foi o preço de cada doce? _____

c) Explique a um colega como você resolveu as duas questões anteriores.

3) Viviane e 3 amigos foram a uma lanchonete e gastaram R$ 36,40. Na hora de pagar a conta, eles dividiram igualmente a despesa. Quantos reais cada um pagou?

Veja como Viviane fez a divisão de R$ 36,40 por 4.

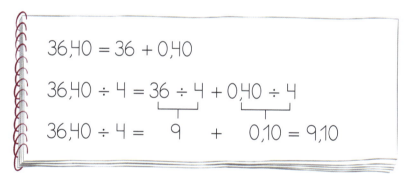

Cada um pagou R$ 9,10.

a) Quanto cada um pagaria se a despesa tivesse sido de R$ 44,80? _____

b) E se a despesa tivesse sido de R$ 49,60? _____

4) Ana e 4 amigas compraram um pacote com 5 cadernos por R$ 24,90. Em uma papelaria do bairro, um caderno igual a esses custaria R$ 7,70.

a) Quantos reais cada uma pagou pelo caderno, se elas dividiram igualmente o valor do pacote com 5 unidades? _____

b) A compra foi vantajosa? Troque ideias com um colega sobre isso.

5 Reginaldo queria dividir 4 unidades em 10 partes iguais, em 100 partes iguais e em 1 000 partes iguais. Complete os quadros que ele fez e, em seguida, responda.

Quadro 1

Quantidade de unidades	Quantidade de décimos
1	10
2	
3	
4	

Quadro 2

Quantidade de unidades	Quantidade de centésimos
1	100
2	
3	
4	

Quadro 3

Quantidade de unidades	Quantidade de milésimos
1	1 000
2	
3	
4	

a) Quatro unidades é o mesmo que quantos décimos? E quantos centésimos? E quantos milésimos?

_____
_____

b) Quais das afirmações abaixo são corretas? _____

- Dividir 4 unidades por 10 é equivalente a dividir 40 décimos por 10.
- Dividir 4 unidades por 100 é equivalente a dividir 400 centésimos por 100.
- Dividir 4 unidades por 1 000 é equivalente a dividir 4 000 milésimos por 1 000.

c) De acordo com o item **b**, qual é o resultado de 4 ÷ 10? E de 4 ÷ 100? E de 4 ÷ 1 000? Escreva os resultados por extenso e na forma decimal. _____

_____
_____

6 Faça os cálculos com a ajuda de uma calculadora e registre os resultados.

a) 6 ÷ 10 = _____

b) 6 ÷ 100 = _____

c) 6 ÷ 1 000 = _____

d) 3,5 ÷ 10 = _____

e) 12,8 ÷ 100 = _____

f) 345 ÷ 1 000 = _____

- Agora, ainda com a calculadora, faça várias outras divisões por 10, por 100 e por 1 000. Depois, converse com um colega sobre o que vocês observaram nos quocientes obtidos.

7 Em uma campanha de arrecadação de alimentos feita em um município, foram arrecadados 350 quilogramas de arroz e 650 quilogramas de feijão para serem divididos igualmente entre 100 famílias de um município vizinho.

Quantos quilogramas de arroz cada família receberá? E de feijão?

_____

8 Calcule o resultado da divisão da quantia ao lado em cada caso.

a) Divisão em 10 partes iguais. _____

b) Divisão em 100 partes iguais. _____

9 O diretor de uma empresa que fabrica sabonetes e desodorantes encomendou uma pesquisa com consumidores de seus produtos. O gráfico a seguir mostra a quantidade de consumidores entrevistados nessa pesquisa.

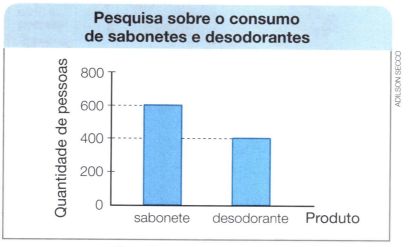

Fonte: Empresa de pesquisa de mercado (jan. 2018).

a) Quantos consumidores foram entrevistados ao todo? _____

b) Se $\frac{2}{3}$ dos consumidores desse sabonete entrevistados são mulheres, quantas mulheres participaram da pesquisa sobre o sabonete? _____

10 Com um colega, elaborem um problema sobre a ilustração ao lado que envolva a divisão. Depois, troquem-no com outra dupla para que o resolva.

11 Resolva os problemas propostos nos adesivos 1, 2 e 3 da Ficha 19.

Porcentagem

- Para saber quanto é 25% de 400 doces, Sílvia fez o quadro ao lado.

   a) Complete-o.

   b) Como você faria para calcular 10% de 400?

Taxa percentual	Quantidade de doces
100%	400
50%	
25%	

- Observe a situação na loja de brinquedos e depois responda às questões.

a) Qual é o valor do desconto na compra à vista? _____

b) Quanto custarão à vista os brinquedos mencionados pela garota? _____

Atividades

1 Um *site* de viagens realizou uma pesquisa com 600 turistas sobre a preferência entre os três restaurantes de uma cidade. O gráfico seguinte mostra o resultado.

Preferência dos turistas por restaurantes
- Salada Mista — 50%
- Caldo Bom — 25%
- Sabor da Roça — 25%

Fonte: *Site* de viagens, em 17 mar. 2018.

a) Quantos turistas entrevistados disseram preferir o restaurante Salada Mista?

_____

b) Quantas pessoas preferem o restaurante Caldo Bom? E o Sabor da Roça?

_____

2. O salário de Ana é composto de uma parte fixa de R$ 900,00 e uma parte variável de 3% do valor total de eletrodomésticos que ela vende no mês.

1% de 8 000 é igual a $\frac{1}{100}$ de 8 000

8 000 ÷ 100 = 80

1% de 8 000 é igual a 80.

Então, 3% de R$ 8 000,00 é igual a 3 vezes R$ 80,00, ou seja, R$ 240,00.

Salário ▸ R$ 900,00 mais R$ 240,00, ou seja: R$ 1 140,00

Para calcular 3% de 8 000, o gerente de Ana usou uma calculadora. Sabendo que $3\% = \frac{3}{100} = 0{,}03$, ele calculou essa porcentagem de duas maneiras.

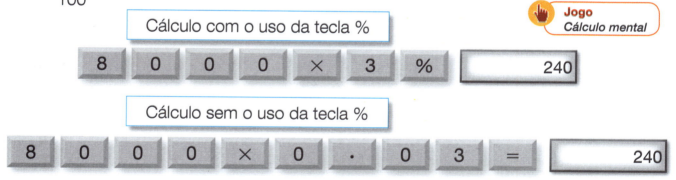

- Agora, calcule e registre no caderno a estratégia que você utilizou.

a) 5% de 500   b) 15% de 200   c) 20% de 600   d) 80% de 150

3. A loja Aqui Tem está liquidando o estoque. Os produtos que custam R$ 200,00 ou mais têm desconto de 15%, e os que custam menos, desconto de 10%.

Calcule os novos preços de cada artigo a seguir e depois escreva-os.

A Matemática me ajuda a ser...

... uma criança que não pratica *bullying*

Bullying é um termo em inglês que significa intimidar. Ocorre quando alguém ou um grupo maltrata repetidamente uma pessoa para que ela se sinta humilhada e muito mal.

Em 2015 foi feita uma pesquisa sobre *bullying* com alunos do 9º ano.

Porcentagem aproximada de alunos, segundo a frequência com que se sentiram humilhados, no Brasil, em 2015

- 6% — Na maior parte do tempo ou sempre
- 38% — Raramente ou às vezes
- 56% — Nenhuma vez

Aproximadamente **20** em cada **100 alunos** entrevistados, ou seja, aproximadamente **20%** deles, contaram ter esculachado, zoado, caçoado, mangado ou intimidado um colega a ponto de o magoar.

Veja como o problema do *bullying* em escolas atinge porcentagens próximas em todas as regiões do Brasil.

Porcentagem aproximada de alunos que se sentiram humilhados por colegas por causa da cor ou da etnia, por região, em 2015

- Norte: 6%
- Nordeste: 6%
- Sudeste: 6%
- Sul: 5%
- Centro-Oeste: 6%

Na pesquisa realizada em 2015 as causas das humilhações eram referentes a cor ou etnia, religião, aparência do rosto, aparência do corpo, orientação sexual, região de origem, entre outros motivos.

Porcentagem aproximada de alunos que se sentiram humilhados por provocações devido à aparência do corpo, no Brasil, em 2015

- 16% Sentiram-se humilhados
- 84% Não se sentiram humilhados

Na pesquisa de 2015, também se perguntou se os alunos estavam sendo legais uns com os outros.

Porcentagem aproximada de alunos segundo a frequência com que os colegas os trataram bem e/ou foram prestativos, no Brasil, em 2015

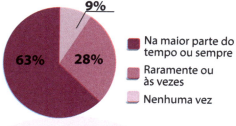

- 63% Na maior parte do tempo ou sempre
- 28% Raramente ou às vezes
- 9% Nenhuma vez

Nós ajudamos você.

Obrigado, pessoal!

Dados obtidos em: *Pesquisa Nacional de Saúde do Escolar 2015*. Rio de Janeiro: IBGE, 2015. Disponível em: <http://mod.lk/pense15>. Acesso em: 31 jul. 2018.

ILUSTRAÇÕES: RAFAEL BOTTI

Tome nota

1. Em cada 100 alunos entrevistados em 2015, aproximadamente quantos se sentiram humilhados raramente ou às vezes?
   _____

2. Na região do Brasil em que você mora, qual foi a porcentagem aproximada de alunos que se sentiram humilhados por causa da cor ou da etnia em 2015?
   _____

3. Qual é a porcentagem aproximada de alunos que se sentiram humilhados por provocações por causa da aparência do corpo segundo a pesquisa de 2015? _____

4. Segundo a pesquisa de 2015, aproximadamente quantos alunos em cada 100 entrevistados declararam que os colegas os trataram bem e/ou foram prestativos na maior parte do tempo ou sempre? _____

Reflita

Converse com os colegas e o professor sobre as medidas que podem ser tomadas para combater o *bullying* na escola.

duzentos e sessenta e cinco 265

Compreender informações

Organizar dados coletados em gráficos de linha

1 A rodoviária da cidade de Amarópolis registra todas as viagens que seus ônibus fazem. Observe na tabela a seguir quantas viagens foram feitas por mês no 1º semestre de 2018.

Quantidade de viagens feitas por mês

Mês	Quantidade de viagens
Janeiro	30
Fevereiro	25
Março	15
Abril	20
Maio	10
Junho	5

Fonte: Rodoviária de Amarópolis, 9 jul. 2018.

Esses dados podem ser apresentados em um gráfico de linha, no qual representamos por pontos a quantidade de viagens feitas em cada mês. Depois, para visualizar melhor a variação a cada mês, os pontos correspondentes a meses seguidos são ligados por uma linha reta.

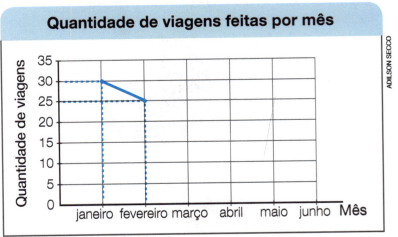

Fonte: Rodoviária de Amarópolis, 9 jul. 2018.

a) Complete o gráfico de linha acima com as viagens que faltam de acordo com a tabela.

b) Em qual mês foram feitas mais viagens? E menos viagens?

c) Nesse período, a quantidade de viagens só diminuiu? Justifique.

d) Você considera mais fácil visualizar a variação entre os dados observando a tabela ou o gráfico de linha?

2 Daniela anotou em sua agenda a quantidade de horas de estudo em cada dia da semana passada.

a) Complete o gráfico de linha a seguir de acordo com essas anotações.

Segunda-feira: 4 horas
Terça-feira: 3 horas
Quarta-feira: 1 hora
Quinta-feira: 2 horas
Sexta-feira: 5 horas

Fonte: Anotações de Daniela, 11 ago. 2018.

b) De segunda-feira para terça-feira, aumentou ou diminuiu a quantidade de horas de estudo? Quantas horas?

_____

c) Ao longo dessa semana, qual foi o dia em que Daniela estudou menos tempo?

_____

3 O gráfico ao lado mostra o valor obtido pelas exportações de brinquedos de uma indústria no período de 5 anos.

Fonte: Indústria de brinquedos (2018).

a) De 2013 a 2017, o valor obtido sempre aumentou? Justifique.

_____

_____

b) Crie duas perguntas com base nos dados do gráfico e troque com um colega para respondê-las.

duzentos e sessenta e sete **267**

Pratique mais

1) Leia as dicas e descubra o número escrito por Carina.

Qual foi o número com dois algarismos na parte decimal que Carina escreveu em seu caderno? _____

Dicas
- O algarismo dos décimos é igual a 4.
- A parte inteira do número é igual a 1.
- O algarismo dos centésimos é o maior possível.

2) Escreva os números que completam os espaços indicados na reta numérica.

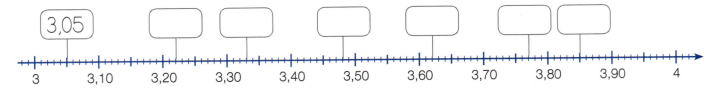

3) O quadro ao lado mostra o tempo de corrida de quatro atletas em uma prova de revezamento. Agora, responda.

Atleta	João	Flávio	Caio	Paulo
Tempo	11,24 s	12,05 s	12,41 s	11,02 s

a) Em quanto tempo os atletas completaram a prova? _____

b) Qual foi a diferença entre os tempos de Flávio e Paulo? _____

c) Qual foi a diferença entre os tempos de João e Flávio? _____

d) Qual foi a diferença entre os tempos de João e Caio? _____

4) Cada caneta custa R$ 1,90. Qual é o preço de 5 canetas? _____

5) Calcule.

a) 140,5 ÷ 5 = _____

b) 1 863,9 ÷ 3 = _____

6 Eduardo fez em seu caderno a divisão mostrada abaixo. Ele usou o algoritmo usual, mas cometeu um erro.

Atividade interativa
Multiplicação e divisão com números na forma decimal

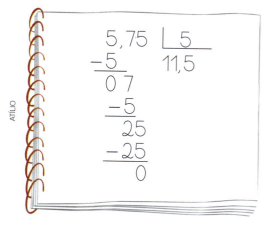
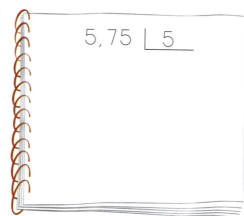

a) Descubra qual foi o erro de Eduardo e refaça o cálculo da divisão 5,75 ÷ 5.

b) Qual é o resultado correto dessa divisão? _____

c) Como você pode conferir se o resultado dessa divisão está correto sem usar a calculadora?

7 Dalva quer calcular 25% de 120 com sua calculadora, mas as teclas % e × estão quebradas.

a) Desenhe as teclas que você apertaria para saber o resultado desse cálculo.

b) Qual é o resultado do cálculo? _____

8 Complete.

Porcentagem	19%	38%		
Leitura	19 por cento	38 por cento	76 por cento	
Fração	$\frac{19}{100}$		$\frac{76}{100}$	
Número decimal				0,05
Significado	19 em cada 100			

9 Resolva as atividades propostas nos adesivos 4 a 8 da Ficha 19.

duzentos e sessenta e nove

Cálculo mental

1 Lorenzo comprou 5 lápis de cor. Cada um custou R$ 1,10. Quanto Lorenzo pagou por esses lápis, no total?

Veja como Lorenzo calculou mentalmente a quantia que deveria pagar por esses lápis. Depois, complete com a resposta.

Quanto é 5 × R$ 1,10?
Eu sei que 1,10 = 1 + 0,10.

Então, posso calcular:
- 5 × 1 real = 5 reais
- 5 × 10 centavos = 50 centavos

Portanto, eu devo pagar _____ reais e _____ centavos ou R$ _____.

- Agora, calcule como Lorenzo e marque com um **X** a resposta certa em cada caso.

a) Natália comprou 4 marcadores de livro. Se cada um custou R$ 0,25, quanto ela pagou no total?

☐ R$ 1,00

☐ R$ 10,00

☐ R$ 100,00

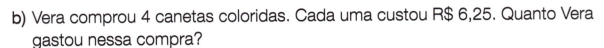

b) Vera comprou 4 canetas coloridas. Cada uma custou R$ 6,25. Quanto Vera gastou nessa compra?

☐ R$ 25,00

☐ R$ 250,00

☐ R$ 24,50

2 Ajude Rafael a calcular.

Qual é o preço de 1 baguete?

Se 2 baguetes custam 5 reais, para saber o preço de 1 baguete basta dividir 5 por 2.

2 BAGUETES POR R$ 5,00

$5 \div 2 = ?$

$5 = 4 +$ _____

$4 \div 2 =$ _____ e $1 \div 2 =$ _____

$5 \div 2 =$ _____ $+$ _____

Sei que 0,5 = 0,50. Então, o preço de 1 baguete é R$ _____.

Qual é o preço de 1 pão doce?

Para calcular o preço de 1 pão doce, vou dividir _____ por _____.

2 PÃES DOCES POR R$ 7,00

$7 \div$ _____ $= ?$

$7 = 6 +$ _____

$6 \div$ _____ $=$ _____ e

_____ $\div$ _____ $=$ _____

$7 \div 2 =$ _____ $+$ _____

Então, o preço de 1 pão doce é R$ _____.

Agora, calcule o preço de cada torta.

3 TORTAS DE FRANGO POR R$ 6,90

Cada torta custa R$ _____.

O que você aprendeu

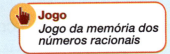

Jogo
Jogo da memória dos números racionais

1) A parte pintada de verde desta figura corresponde a que parte do total da figura?

a) ☐ 0,6 da figura.
b) ☐ 0,4 da figura.
c) ☐ 0,04 da figura.
d) ☐ 0,06 da figura.

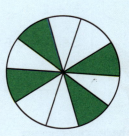

2) A forma decimal de $\frac{5}{1\,000}$ é:

a) ☐ 0,005
b) ☐ 0,05
c) ☐ 0,5
d) ☐ 5,0

3) 1 kg é o mesmo que 1 000 g. A medida de massa 250 g pode ser indicada por:

a) ☐ $\frac{250}{100}$ kg ou 2,50 kg.
b) ☐ $\frac{250}{1\,000}$ kg ou 0,250 kg.
c) ☐ $\frac{250}{1\,000}$ kg ou 2,50 kg.
d) ☐ $\frac{250}{1\,000}$ kg ou 0,000250 kg.

4) Marque com um **X** a alternativa correta.

a) ☐ 0,5 < 0,10
b) ☐ 0,001 > 0,01
c) ☐ 0,05 > 0,005
d) ☐ 0,009 > 0,02

5) Em qual das seguintes retas numéricas está representado em verde o número decimal 1,6?

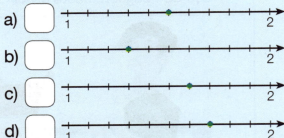

6) Adriana foi à padaria e comprou 300 g de presunto por R$ 4,47 e 6 pãezinhos por R$ 2,55. Ela pagou a conta com uma cédula de R$ 10,00. O troco foi de:

a) ☐ R$ 3,02
b) ☐ R$ 2,92
c) ☐ R$ 3,08
d) ☐ R$ 2,98

7) Gabriela competiu em um campeonato juvenil de ginástica artística feminina. A pontuação obtida por ela em cada prova foi: 12,435 no salto sobre a mesa; 10,455 nas barras assimétricas; 12,250 na trave e 11,850 no solo. Quantos pontos Gabriela obteve no total?

a) ☐ 46,990
b) ☐ 45,990
c) ☐ 46,950
d) ☐ 47,910

8 Sabendo que 5 unidades é o mesmo que 50 décimos, que é o mesmo que 500 centésimos, que é o mesmo que 5 000 milésimos, marque com um **X** a frase verdadeira.

a) ☐ Dividir 5 unidades por 10 é o mesmo que dividir 500 décimos por 10.

b) ☐ Dividir 5 unidades por 100 é o mesmo que dividir 500 centésimos por 100.

c) ☐ Dividir 5 unidades por 1 000 é o mesmo que dividir 5 milésimos por 1 000.

d) ☐ Dividir 5 unidades por 100 é o mesmo que dividir 5 centésimos por 100.

9 Robson foi jantar em um restaurante com mais três amigos. A conta ficou em R$ 74,00, e eles dividiram esse valor em partes iguais. Quanto cada um pagou?

a) ☐ R$ 16,40   c) ☐ R$ 18,05
b) ☐ R$ 16,00   d) ☐ R$ 18,50

10 O quociente da divisão 40,81 ÷ 7 é:

a) ☐ 5,80   c) ☐ 5,81
b) ☐ 5,83   d) ☐ 5,18

11 Marina comprou um armário. Ela vai pagá-lo em 5 prestações iguais. Que porcentagem do valor total representa cada prestação?

a) ☐ 10%   c) ☐ 20%
b) ☐ 5%   d) ☐ 25%

12 Qual é a única frase verdadeira?

a) ☐ 1% de 400 pessoas é o mesmo que 8 pessoas.

b) ☐ 3% de 500 figurinhas são 15 figurinhas.

c) ☐ 10% de 200 reais são 10 reais.

d) ☐ Um tênis que custava 200 reais teve um desconto de 15% e passou a custar 115 reais.

Quebra-cuca

Na festa junina de uma escola, estavam presentes muitas pessoas, das quais 30 eram alunos. As outras eram funcionários ou pais de alunos. Observe o gráfico e descubra quantas pessoas havia nessa festa junina.

Pessoas presentes na festa junina
- Alunos: 50%
- Pais: 30%
- Funcionários: 20%

Fonte: Secretaria da escola (jul. 2018).

Para começar...

Vanessa e Roberto foram ao parque com Joana, tia de Vanessa. Marcos e Beatriz foram com Lúcio, tio de Marcos.

- Eles marcaram de se encontrar, dentro do parque, ao lado do brinquedo Xícara Maluca, mas acabaram se encontrando em outro local. Veja a ilustração e descreva o local de encontro.

_____
_____
_____
_____

Para refletir...

Nesta imagem, a localização da barraca de sorvete pode ser indicada usando uma letra e um número. Marque com um **X** a opção que indica a localização dessa barraca.

☐ M1   ☐ A1
☐ C2   ☐ B3

TEMA 1. Localizando

Localização com coordenadas

Lídia está brincando de adivinhar a posição de cada desenho feito por Caio na malha quadriculada.

Lídia disse: posição D3.

Caio procurou na malha quadriculada a coluna **D** e, em seguida, observou a linha **3**. Então, ele disse a Lídia: "Você acertou a bola!".

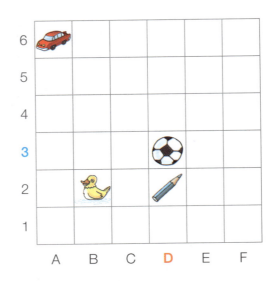

> **D3** indica o lugar em que a bola está nessa malha; isto é, indica sua **localização**.

a) B2 indica a localização de qual desenho? Por quê? _____

b) Como podemos indicar a localização do carrinho? _____

c) Desenhe uma folha em um dos quadrinhos da malha e peça a um colega que adivinhe a localização da folha que você desenhou.

Atividades

1 Observe a cena e leia o que Vânia está dizendo.

"Quero colocar um livro no armário da Jane, mas ela só me disse que o armário dela é amarelo."

- Será que Vânia sabe exatamente qual é o armário de Jane? Explique sua resposta.

2 Pinte em cada malha quadriculada apenas os quadrinhos que têm a localização indicada.

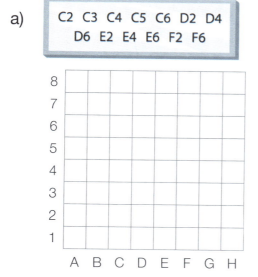

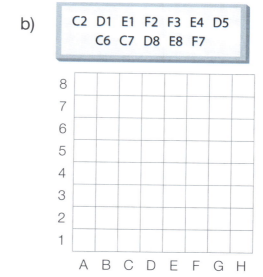

- Com o que se parece cada desenho que se formou após você pintar?

3 Márcia dividiu os alunos de sua classe em 5 grupos para a elaboração de um trabalho sobre reciclagem. Ela anotou o nome dos componentes em uma planilha eletrônica. Veja a seguir.

Observe que as colunas são indicadas por letras e as linhas por números.

	A	B	C	D	E
1	Grupo 1	Grupo 2	Grupo 3	Grupo 4	Grupo 5
2	Antônio	Felipe	Raquel	Marcelo	Carolina
3	Valentina	Clara	Enzo	Gustavo	Joaquim
4	Pedro	Bruna	Júlia	Marina	Flávio
5	Luísa	João	Lorena	Eduarda	Marcos
6	Carla	Mateus	Heloísa	Artur	Helena

a) Qual letra indica a coluna dos componentes do grupo 3? Quais são os componentes desse grupo?

_____

b) Bruna fará parte de qual grupo? Seu nome pode ser localizado em qual coluna e em qual linha? _____

c) Qual nome pode ser localizado em D6? _____

duzentos e setenta e sete **277**

4 Para descrever a posição de lugares ou objetos com mais precisão, você pode usar uma malha quadriculada e nomear as linhas e as colunas a fim de indicar as coordenadas do local que pretende descrever.

- Desenhe, na malha quadriculada a seguir, um mapa com alguns lugares de sua cidade ou bairro. Você pode desenhar pontos turísticos, comércios, residências, praças etc. É importante que, no seu desenho, a proximidade entre os lugares reais seja considerada. Não se esqueça de indicar um título para seu mapa.

Mapa de _____

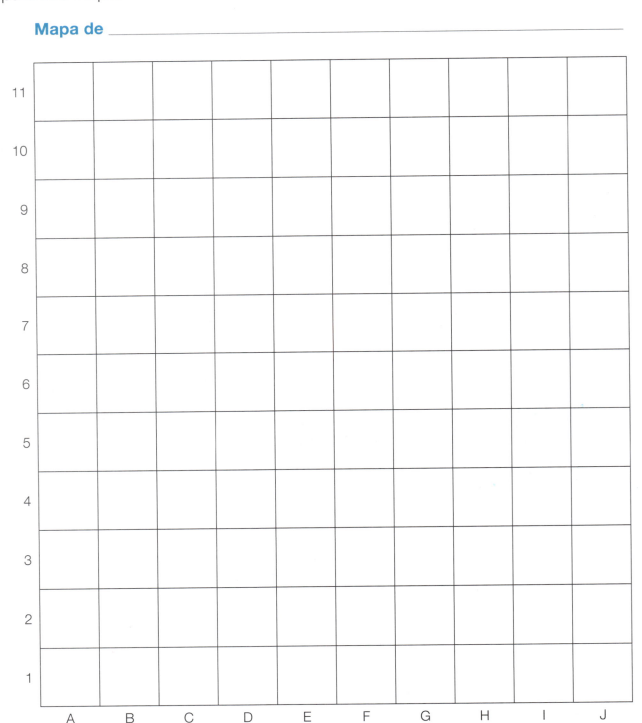

Coordenadas no plano cartesiano

Emerson traçou duas retas numeradas perpendiculares, em uma malha quadriculada, formando um **plano cartesiano**. Depois, ele representou alguns pontos nessa malha.

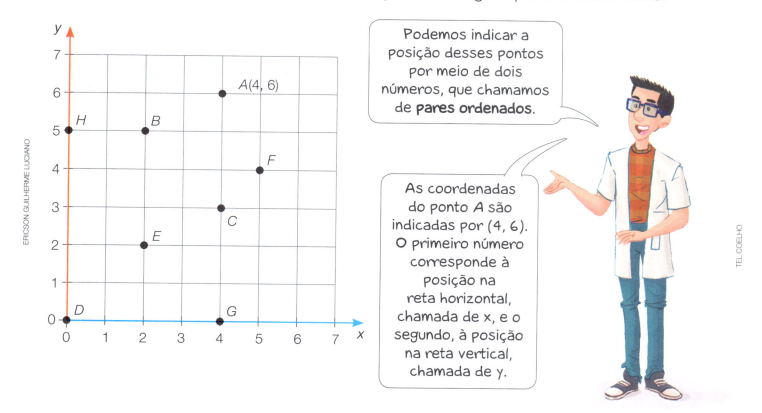

Podemos indicar a posição desses pontos por meio de dois números, que chamamos de **pares ordenados**.

As coordenadas do ponto A são indicadas por (4, 6). O primeiro número corresponde à posição na reta horizontal, chamada de x, e o segundo, à posição na reta vertical, chamada de y.

O ponto D foi representado no ponto de encontro das duas retas. Esse ponto é indicado pelo par ordenado (0, 0) e é chamado de **origem** do plano cartesiano.

Atividades

1 Considere o plano cartesiano acima e responda.

a) Que ponto pode ser indicado pelo par ordenado (5, 4)?

☐ B   ☐ G   ☐ F   ☐ H

b) O ponto E pode ser indicado por qual par ordenado?

☐ (0, 2)   ☐ (2, 2)   ☐ (3, 2)   ☐ (4, 2)

c) Que ponto pode ser indicado pelo par ordenado (0, 5)?

☐ B   ☐ G   ☐ C   ☐ H

2 Represente, na imagem acima, os pontos I (6, 1) e J (1, 6).

duzentos e setenta e nove

Localização em mapas de ruas

Lílian mora na casa que fica na esquina da Rua das Amoreiras com a Rua Rosas Amarelas.

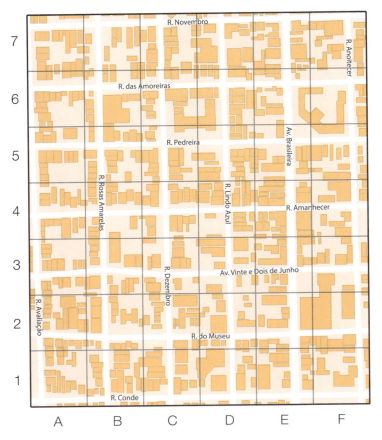

a) Onde está localizada a casa de Lílian nesse mapa?

A letra ___B___ indica a coluna onde a Rua Rosas Amarelas está.

O número _____ indica a linha em que está a Rua das Amoreiras.

A casa de Lílian localiza-se em _____.

b) Lílian encontrou uma amiga em uma esquina localizada em A5 no mapa. Onde foi o encontro das duas amigas?

O encontro das duas amigas foi na esquina da _____ com a _____.

Atividades

1 Observe o mapa ao lado e complete.

a) A Rua Arara está localizada em _____.

b) A esquina da Rua Pato com a Avenida Pardal está localizada em _____.

Representações sem escala, para fins didáticos.

2 Siga a orientação do trajeto e descubra a localização.

Fábio estava na Avenida Pelicano e seguiu em direção à Praça Alegre. Ele virou à esquerda na Avenida Papagaio e seguiu em frente até avistar uma praça à direita.

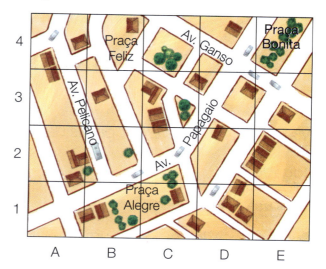

a) Qual é a localização, na malha quadriculada, da praça que Fábio avistou no final de seu trajeto? _____

b) Qual é a localização, na malha quadriculada, do lugar em que Fábio iniciou o trajeto? _____

3 Observe o mapa abaixo e faça o que se pede.

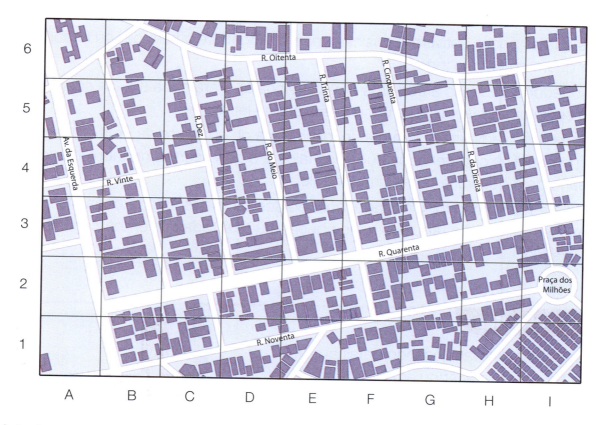

a) Indique com uma letra e um número o local do mapa em que a Rua Quarenta encontra a Rua Cinquenta. _____

b) Indique com letras e números a localização do caminho mais curto que vai de uma extremidade a outra da Rua Vinte. _____

Representações sem escala, para fins didáticos.

Vamos jogar?

Batalha-naval

PARA JOGAR MUITAS VEZES

Material: Tabuleiros E e F, peças da Ficha 15, lápis e papel para anotações.

Jogadores: 2

Regras:

- Cada jogador joga com um tabuleiro e um conjunto de peças (laranja ou verde).
- Cada jogador coloca suas peças em seu tabuleiro, de modo que o adversário não as veja.
- As peças devem ocupar os quadrinhos e não podem se tocar.
- Depois que as peças estiverem posicionadas, os jogadores tiram par ou ímpar para decidir quem começa o jogo.
- Cada jogador tem direito a três tiros em cada jogada. Para cada tiro, as coordenadas devem ser informadas, ou seja, um número e uma letra.
- Para cada tiro, o adversário informa se foi na água ou em parte de uma embarcação. Anote no papel as coordenadas que você falou e o que acertou no tabuleiro do adversário para que você tenha um controle.
- Quando a embarcação for afundada (quando acertar todas as coordenadas dela), ela deve ser retirada do tabuleiro. Vence quem afundar todas as embarcações do adversário.

Veja se entendeu

Caio e Melissa estavam jogando Batalha-naval. Escreva o que Caio acertou em cada tiro que deu.

D6 ▶ _____

A1 ▶ _____

A2 ▶ _____

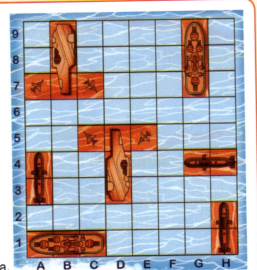

Tabuleiro da Melissa.

Depois de jogar

1 Observe atentamente a história em quadrinhos e, de acordo com a fala de Caio, complete o balão de Melissa com coordenadas que ela pode ter falado.

2 Veja o tabuleiro de Melissa em uma determinada jogada.

a) Quantas embarcações Caio já afundou? _____

b) Caio disse B5, C5 e D5. Qual embarcação ele acertou?
_____

c) Na próxima jogada, ele pode afundar essa embarcação? Em caso afirmativo, quais coordenadas ele deve dizer?
_____

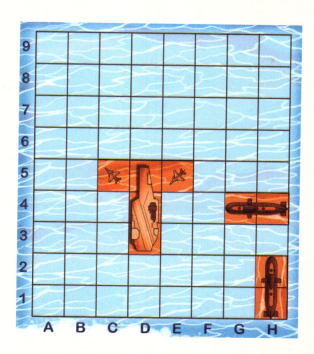

duzentos e oitenta e três **283**

Compreender informações

Pesquisar e organizar dados

1 Beatriz pesquisou a temperatura máxima prevista para sete dias consecutivos de janeiro de 2018 que passaria em uma praia com sua família e anotou as informações obtidas em uma planilha eletrônica.

	Seg.	Ter.	Qua.	Qui.	Sex.	Sáb.	Dom.
Temperatura máxima (°C)	26	30	28	30	24	24	30
No céu...	⛅	☀️	☀️	☀️	⛅	⛅	☀️

Beatriz também quis organizar os dados coletados em um gráfico de linhas, para visualizar mais facilmente a variação da temperatura máxima prevista.

a) Ajude Beatriz a terminar de organizar os dados no gráfico de linhas a seguir.

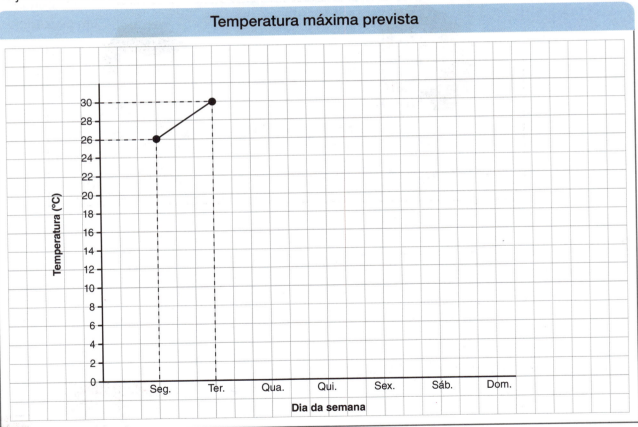

Fonte: Anotações de Beatriz (jan. 2018).

b) Em qual período foi registrada a maior queda da temperatura máxima prevista?

_____

c) Em quais dias estão registrados os picos de temperaturas máximas?

_____

2 Escolha uma cidade em que você queira passar a próxima semana e pesquise na internet as temperaturas máximas previstas nesse período para essa cidade.

a) Anote as informações obtidas no caderno.

b) Organize essas informações em um gráfico.

> **Dicas**
> O gráfico deve conter, além das temperaturas previstas:
> - o nome da cidade;
> - o período pesquisado;
> - a fonte e a data da pesquisa.

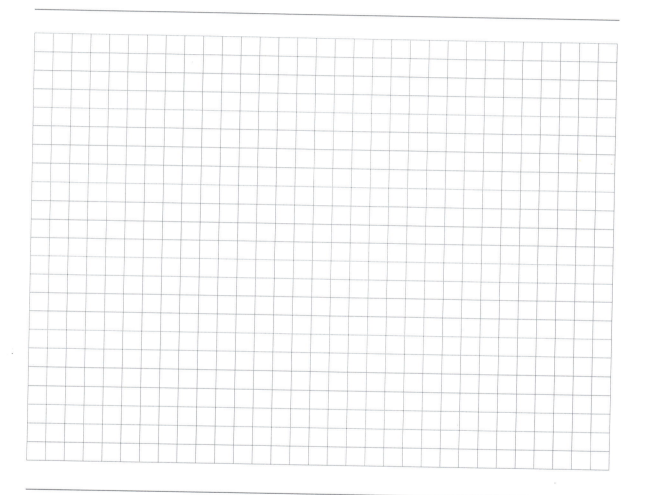

c) Escreva um texto, dizendo se a viagem deve acontecer ou não, com base nas informações organizadas no gráfico.

duzentos e oitenta e cinco **285**

Trajetos

Caminho orientado

Observe, ao lado, o trecho de um mapa e responda às questões.

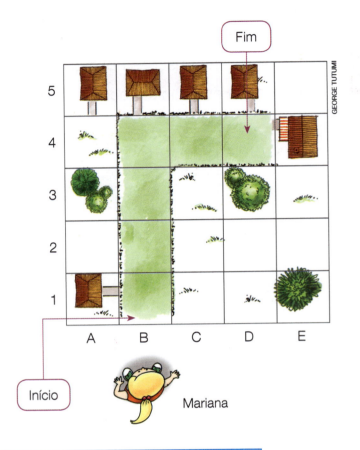

a) O caminho que Mariana fez para ir ao supermercado está pintado de verde. Represente por uma letra e um número a região onde Mariana iniciou seu caminho e a região onde ela o terminou.

_____

b) Complete o quadro abaixo com o trajeto percorrido por Mariana, indicando todas as regiões da malha quadriculada por onde ela passou.

Início ▶	B1					

Atividades

1. Observe o mapa ao lado, leia o texto a seguir e responda.

   Adriano saiu de sua casa e fez o seguinte trajeto para visitar seu amigo que mora na Rua Rosa, esquina com a Rua Verde: seguiu em frente pela Rua Azul, depois virou à direita na Rua Verde e à direita novamente.

   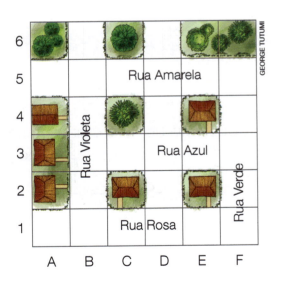

   - Qual é a localização da casa de Adriano? E da casa do amigo de Adriano?

   _____

Representações sem escala, para fins didáticos.

286 duzentos e oitenta e seis

2 Observe a representação do bairro em que Joana mora.
Cada linha representa uma rua desse bairro e cada quadrinho, uma quadra.

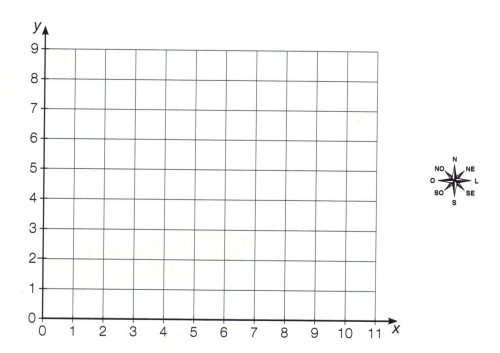

A casa de Joana localiza-se próxima ao ponto de coordenadas (2, 1). Ela saiu de sua casa, seguindo o sentido norte, e caminhou por 4 quadras até o ponto A. Deu um giro de 90° e caminhou no sentido leste por 2 quadras, até o ponto B. Deu mais um giro de 90° e caminhou uma quadra no sentido norte até o ponto C.

- Agora, faça o que se pede.

  a) Identifique a casa de Joana e os pontos A, B e C na malha.

  b) Quais são as coordenadas dos pontos A, B e C?

  ___

  c) Trace o caminho de Joana até o ponto C.

  d) Depois, Joana continuou seu percurso passando pelos pontos D (9, 6) e E (9 ,3). Identifique, na malha, o percurso de Joana até o ponto E.

  e) Descreva abaixo o percurso de Joana do ponto E à casa dela, passando pelo ponto B.

  ___
  ___
  ___
  ___

Matemática em textos

Leia

Mapa turístico

Alguns governos estaduais e municipais disponibilizam, na internet ou em material impresso, imagens e mapas com informações sobre o turismo local. A imagem a seguir é disponibilizada pelo governo do estado de Alagoas com a indicação de diversos destinos turísticos do estado.

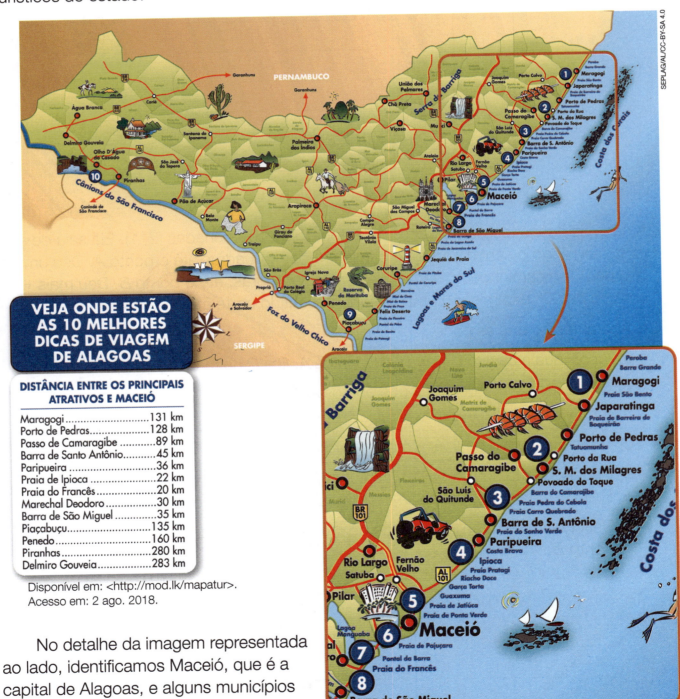

VEJA ONDE ESTÃO AS 10 MELHORES DICAS DE VIAGEM DE ALAGOAS

DISTÂNCIA ENTRE OS PRINCIPAIS ATRATIVOS E MACEIÓ

Maragogi	131 km
Porto de Pedras	128 km
Passo de Camaragibe	89 km
Barra de Santo Antônio	45 km
Paripueira	36 km
Praia de Ipioca	22 km
Praia do Francês	20 km
Marechal Deodoro	30 km
Barra de São Miguel	35 km
Piaçabuçu	135 km
Penedo	160 km
Piranhas	280 km
Delmiro Gouveia	283 km

Disponível em: <http://mod.lk/mapatur>. Acesso em: 2 ago. 2018.

No detalhe da imagem representada ao lado, identificamos Maceió, que é a capital de Alagoas, e alguns municípios litorâneos desse estado.

Responda

1 O que está representado na imagem da página anterior? _____

2 Há alguns números nessa imagem. A capital desse estado está próxima de quais números? _____

3 Os municípios de Maragogi e Japaratinga estão próximos de qual número? _____

Analise

1 Juliana está em Maceió e pretende visitar o município de Porto de Pedras.

a) Segundo o quadro com as distâncias, quantos quilômetros Juliana vai percorrer de Maceió até esse município? _____

b) Identifique, na imagem, uma possível estrada que Juliana deverá percorrer até chegar a Porto de Pedras. Se ela seguir por essa estrada, por quais outros 3 municípios ela passará?

_____
_____

2 Um turista está em Maceió, pretende ir até Maragogi e, depois, para Barra de São Miguel, passando por Maceió. Quantos quilômetros ele vai percorrer nesse percurso?

_____

Aplique

Pesquise, na internet ou em locais turísticos de seu município ou estado, se há mapas ou imagens com a indicação de locais turísticos. Leve para a escola o material que você coletou e compartilhe com o professor e os colegas.

- Agora, registre abaixo os locais compartilhados: os que você não conhece e os que quer conhecer.

_____
_____
_____

Pratique mais

1 Considere o mapa que você desenhou na atividade 4 da página 278 e reúna-se com um colega para fazer esta atividade. Você deverá indicar ao seu colega 4 ou mais elementos de seu mapa para que ele os represente na malha que está no livro dele. Depois, ele também indicará 4 elementos ou mais do mapa dele para você representar na malha a seguir. Vocês deverão revelar os elementos por meio das coordenadas, por exemplo: há uma praça em J10, e uma escola localizada em F4 e G4.

> Há representações diferentes, do mesmo lugar, que são corretas? Tente fazer outro mapa do mesmo lugar de **modo diferente** em uma folha à parte.

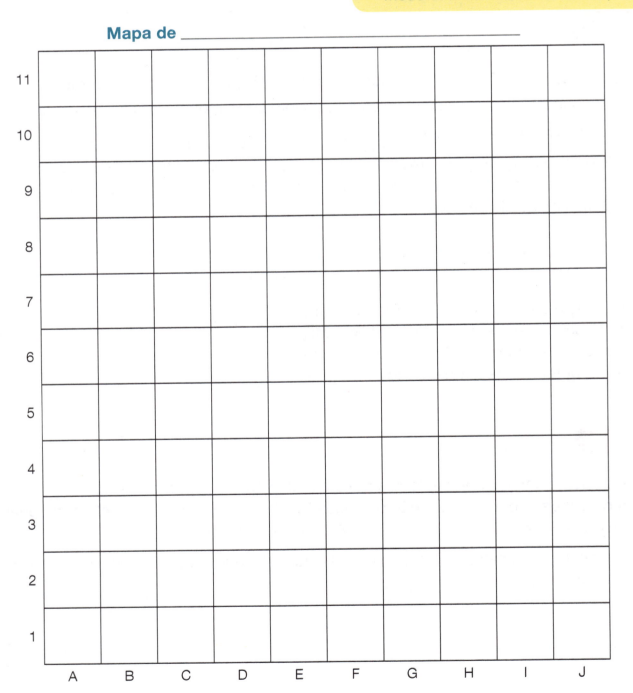

Mapa de _____

290 duzentos e noventa

2 Represente os seguintes pontos no plano cartesiano abaixo.

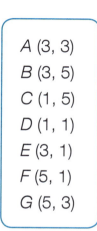

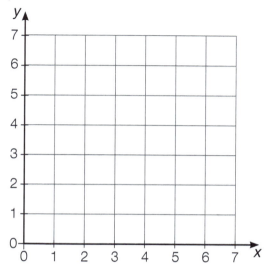

- Agora, faça o que se pede.

  a) Com uma régua, trace um segmento de reta unindo os pontos A e B. Depois, trace outros segmentos unindo os pontos B e C, C e D, D e E e, por fim, os pontos E e A. A figura que você obteve corresponde ao contorno de qual polígono? _____

  b) Trace segmentos de reta unindo os pontos E e F, F e G e, por fim, os pontos G e A. Agora, você tem representados os contornos de quais figuras?
  _____

  c) Que outro segmento de reta pode ser traçado de modo que seja obtido o contorno de um trapézio e o de um triângulo retângulo?
  _____

  d) Represente outros quatro pontos H, I, J e K, de modo que a figura obtida ao unir esses pontos seja o contorno de um paralelogramo não retângulo. Depois, indique as coordenadas desses pontos.

  - H ▶ _____
  - I ▶ _____
  - J ▶ _____
  - K ▶ _____

 e) Compare suas representações com as de um colega e registre as diferenças entre elas.
  _____
  _____
  _____

Cálculo mental

1 Não é verdade que:

☐ 25,8 > 5,701   ☐ 10,09 < 10,1

☐ 8,102 < 8,2   ☐ 7,05 > 7,1

2 Quanto mede a girafa ilustrada ao lado? Marque com um **X**.

☐ 173 cm   ☐ 170,3 cm

☐ 170,03 cm   ☐ 170,33 cm

3 Observe o quadro que mostra a altura e a massa de 5 rapazes.

	Ricardo	Carlos	Caíque	Júlio	Paulo
Altura	1,64 m	1,72 m	1,59 m	1,68 m	1,57 m
Massa	62,3 kg	68,2 kg	58,4 kg	59,9 kg	62,1 kg

a) Marque com um **X** a afirmação correta.

☐ Carlos é o mais alto, e Paulo é o mais leve.

☐ Ricardo é o mais baixo e o mais leve.

☐ Júlio é o mais leve e o mais baixo.

☐ Caíque é o mais leve, e Carlos é o mais alto.

b) Marque com um **X** a afirmação falsa.

☐ A diferença entre as alturas de Paulo e de Ricardo é de 0,07 m.

☐ A diferença entre as massas de Carlos e de Júlio é de 8,3 kg.

☐ Carlos mede 15 cm a mais que o rapaz mais baixo.

☐ A massa de Caíque é 1 900 g menor que a de Júlio.

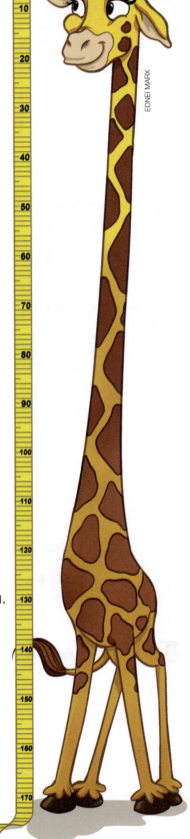

4 Complete as retas com quantias em real.

a)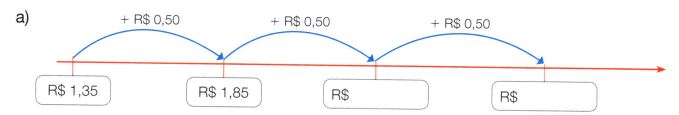

b)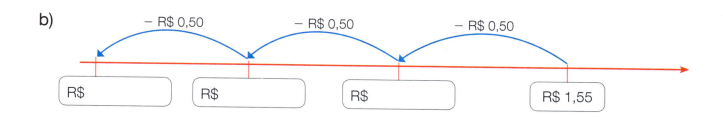

c)

d)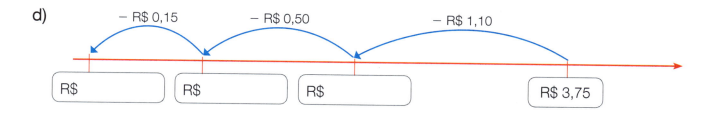

e)

f)

O que você aprendeu

1. Márcio sairá com o carro de sua casa, localizada em A2, e irá ao banco, que está em H3.

   • Marque com um **X** a alternativa que apresenta o caminho que Márcio poderá fazer.

a)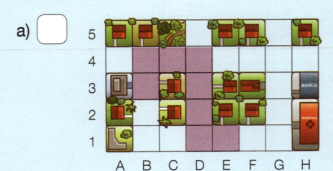

b)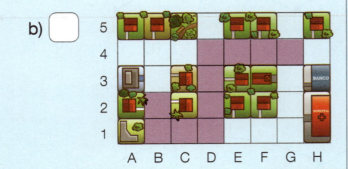

c)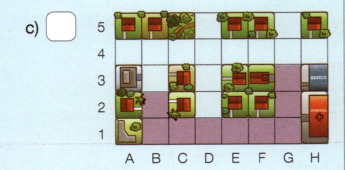

d)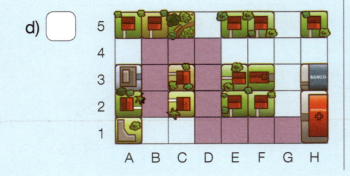

Considere o mapa seguinte para realizar as atividades 2 a 5.

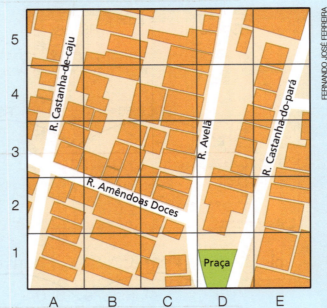

2. A casa de Flávia está localizada em A4. Em que rua ela mora?

   a) ☐ Na Rua Castanha-de-caju
   b) ☐ Na Rua Amêndoas Doces
   c) ☐ Na Rua Avelã
   d) ☐ Na Rua Castanha-do-pará

3. A localização do trabalho de Cláudia é em E3. Em que rua está o trabalho dela?

   a) ☐ Na Rua Castanha-de-caju
   b) ☐ Na Rua Amêndoas Doces
   c) ☐ Na Rua Avelã
   d) ☐ Na Rua Castanha-do-pará

4. Qual é a localização da praça no mapa?

   a) ☐ A1   c) ☐ C1
   b) ☐ B1   d) ☐ D1

Representações sem escala, para fins didáticos.

Para realizar as atividades 5 e 6, considere o plano cartesiano seguinte.

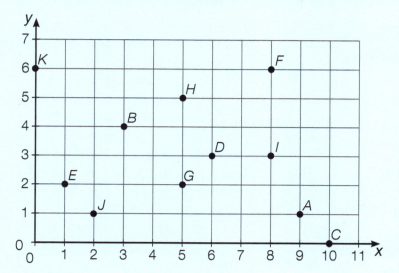

5 As coordenadas dos pontos A, B, C e D, nessa ordem, estão indicadas em:

a) ☐ (3, 4), (9, 1), (10, 0) e (6, 3)

b) ☐ (9, 1), (3, 4), (6, 3) e (10, 0)

c) ☐ (9, 1), (3, 4), (10, 0) e (6, 3)

d) ☐ (10, 0), (9, 1), (3, 4) e (6, 3)

6 Qual alternativa apresenta as coordenadas dos vértices de um polígono de 5 lados?

a) ☐ (1, 2), (2, 1), (5, 2), (6, 3) e (5, 5)

b) ☐ (5, 5), (6, 3), (8, 3), (9, 1) e (10, 0)

c) ☐ (1, 2), (2, 1), (3, 4), (5, 5) e (8, 6)

d) ☐ (0, 6), (1, 2), (2, 1), (5, 2) e (5, 5)

Quebra-Cuca

Observe o desenho na malha e descreva um trajeto que Pedro pode fazer para chegar ao tesouro.

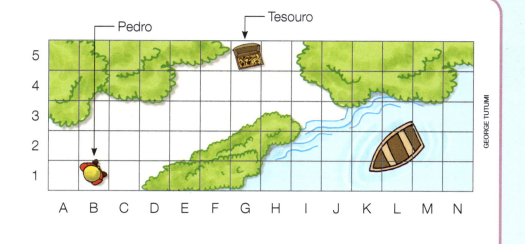

duzentos e noventa e cinco **295**